그냥, 해!

초판 1쇄 발행 2019년 8월 1일

지은이   최지훈
발행인   안유석
편 집   전유진
표지디자인   김경미
펴낸곳 처음북스, 처음북스는 (주)처음네트웍스의 임프린트입니다.

출판등록 2011년 1월 12일 제 2011-000009호
전화 070-7018-8812 팩스 02-6280-3032
이메일 cheombooks@cheom.net

홈페이지 cheombooks.net 페이스북 /cheombooks
트위터 @cheombooks
ISBN 979-11-7022-187-6 03320

그냥, 해!

최지훈 지음

"가슴 뛰는 삶을 살고 있나요?"

평범한 일상을 살아가는 당신에게
열정을 불어넣을 단 하나의 메시지

● 처음북스

모험가 최지훈의 버킷리스트 목록

1. 수상안전법강사 자격증 취득

: 인명구조원 강사과정, 대한적십자사 경남지사 29기

2. 생활체육지도자 자격증 취득(수영 3급)

: 신라대학교에서 한 달간 연수, 부산대학교에서 이론·실기·구술시험

3. 수상인명구조원 되기

: 대한적십자 경남지사에서 자격 취득

4. 미국 수상인명구조원 되기

: 이태원 다국적학교에서 7일간 교육, 평택 미군부대에서 취득

5. 심폐소생술 강사 자격 취득

: 미국 적십자 심폐소생술 자격증, 대한적십자사 심폐소생술 강사, 육

군 구급법 교관

6. 응급처치법 전문 자격증 취득

: 대한적십자사에서 취득

7. 스키강사 하기

: 스키강사 경험 4년, 스키학교 부교감으로 근무

8. 스키강사 자격증 레벨1 따기

: 현대 성우리조트에서 취득

9. 식물 기르기

: 크루시아 세 그루 5년째 기르는 중

10. 스포츠마사지 자격증 2급 취득

11. 소대원들 사진, 영상 찍어서 전역 앨범 만들어주기

12. 병사들 상담하기

: 3년간 1000명과 상담, 관심 병사 300명과 특별 관리 상담

13. 리더십 있는 직업군인 되기

: 학사장교 57기, 군 생활 3년 4개월

14. 20대에 5,000만 원 모으기

: 27살 여름, 5,500만 원 저축

15. 세계여행

:15개국 여행 중

16. 철인 3종 대회 출전

: 올림픽코스 3회 출전, 풀코스 1회 출전

17. 철인 3종 대회 풀코스 출전

: 2016년 제주 국제 아이언맨 대회 20대 1위

18. 로드 사이클 배우기

: 1년 동안 배움

19. 턱걸이 정자세로 25개 하기

20. 바디프로필 사진 찍기(액자에 넣어 집에 걸을만한 사진)

21. 명함 만들기(나만의 개성이 담긴 명함)

22. 스키 횃불 퍼포먼스 참여하기

23. 100미터 달리기 12.00초 만들기

: 11. 8초 달성

24. 마라톤 도전(5km, 10km, 21km, 42. 195km)

25. 장거리 마라톤 참가하기

: 중국 250km 고비사막 마라톤 완주

26. 크라우드 펀딩하기

: 펀딩 성공, 네팔 고아원에 250만 원 기부

27. 해외 봉사활동 하기

: 네팔 고아원

28. 강연하기

: 29살 3월, 창원 청춘 도다리, 76명 앞에서 가슴 뛰는 첫 강연

29. 선한 영향력이 담긴 영상 제작하기

: 페이스북 페이지 '함꿈'에서 30만 조회수 기록

30. 팟캐스트 출연하기

: 친절한 세인씨 '덕업 일치'에 출연

31. 프리다이빙 대회 출전

: 레벨 3 취득, 산소통 없이 수심 45m 내려감

32. 호흡 4분 이상 참기

: 무호흡 4분 30초 달성

33. 영상 인터뷰

: 경남 여행 커뮤니티 '여행은 닮은 인생'에서 첫번째 영상 인터뷰 진행

34. 잡지 인터뷰

: <퍼스마당> 표지 모델

35. 카이트서핑하기

: 2년 동안 즐김

36. 윈드서핑하기

: 1년 동안 즐김

37. 30살 전에 1억 원 모으기

: 5,500만 원 쓴 후 새롭게 1억 4,000만 원 모음

38. 인도에서 물담배(시샤) 체험하기

41. 운전면허 따기

: 1종 보통면허

42. 기타 배우기

: 현재 1곡 '비와 당신' 배움

43. 스쿠버 다이빙 자격증 취득

: 오픈워터 in 몰디브 울후벨리 섬

44. 일기 쓰기

: 4년째 하루도 빠지지 않고 쓰고 있음(ONENOTE 이용)

45. 스케줄 플래너 작성하기

: 4년째 하루도 빠지지 않고 스케줄러 작성 중(3P 바인더)

46. 영상 편집 기술 배우기

: 나만의 인트로 영상 제작('마블' 시리즈 느낌으로)

47. 패러글라이딩 체험하기

: 네팔 포카라에서 에베레스트산을 바라보며 체험

48. 롱보드 다운힐

: 6개월 연습, 시속 40km

49. 물고기가 많은 바다에서 스노클링하기

: 필리핀 보홀 나팔린,몰디브 울후벨리섬

50. 트렉터 운전하기

: 3개월 체험

51. 굴삭기 운전하기

: 3개월 체험

52. 크루저요트 타보기

: 딩기요트, 3개월 체험

53. 가족과 해외여행 가기

: 서호주 퍼스 여행 5박 6일, 가족 추억 영상 만듦

54. 가족과 국내여행 가기

: 제주도 3박 4일

55. 100일간 다이어트 프로젝트

: 3개월간 16kg 감량 (81kg → 65kg)

56. 외국에서 장기간 생활하기

: 호주, 2년

57. 유튜브 크리에이터 되기

: '모험가 최지훈TV' 운영 중

58. 블로그·홈페이지 운영하기

:블로그 '모험가 최지훈' 운영 중

59. 청소 일하기

: 오피스 직원 개인 쓰레기통 정리, 화장실 변기 닦기, 병원 수술대 혈흔

닦기

60. 식당에서 일하기

: 코스요리 전문점 'AMUSE 레스토랑'에서 키친핸드로 일함

61. 농장에서 일하기

: 나무 농장, 3개월

62. 공장에서 일하기

: 소시지 공장, 11개월

63. 먼지 묻은 빵 먹어보기

: 충주 동화약품 건설 현장

64. 고기잡이 배에서 일하기

: 마산 시모노세키 바다에서 생선 지게 운반

65. 아이들을 가르치는 일 해보기

: YMCA 유아스포츠 수영, 스키 유아반 교육

66. 인생 프로필 사진 촬영하기

67. 선생님 되기

: 2011년, 창원중학교 1학년 8반 부담임(체육교육실습생)

68. 수영대회 출전

: 창원 88올림픽 수영장, 전국 동호인 수영대회 자유형 50m 부문 31초

69. 패들보드 배우기

: 서호주 applecross Lukey bay에서 배움

70. 중국에서 양꼬치와 칭따오 맥주 먹고 마시기

: 중국 우르무치에서 성공

71. 태국 마사지 받기

: 태국, 방콕에서 받음

72. 북인도 레에서 일주일간 자동차 투어

: 세계에서 가장 높은 해발 5500m 실크로드 자동차 도로 달림

73. 인도 3등석 열차 타보기

: 바라나시부터 수도 뉴델리까지 한 달간

74. 인도에서 카레 먹기

:향신료가 강해서 맛 없었다. 배탈 많이 났음

75. 신혼여행으로 유명한 휴양지 가기

: 사진으로만 보던 환상의 섬 몰디브에서 15일 여행

76. 유격 교관 자격증 취득

: 180명 중 3명 뽑는 유격 왕으로 선발

77. 특등사수되기

: K1 소총으로 250m 표적 50발중 49발 명중

78. 요리 30가지 이상 배우기

: 양식, 한식, 일식

79. 웨이크보드 배우기

: 2개월간 배움

80. 기계체조하기

: 맨몸운동, 1년간 함

81. 태권도 배우기

: 3년간 태권도 시범단 동아리 활동, 1단 취득

82. 유도 배우기

: 1년 배움, 1단 취득

83. 배드민턴 배우기

: 1년 배움

84. 테니스 배우기

: 1년 배움

85. 댄스스포츠 배우기

: 1년 배움

86. 탁구 배우기

: 1년 배움

87. 어학연수가기

: 필리핀 바기오에서 2개월 연수

88. 애니어그램으로 자아 찾기

: 관련 도서 한 권 그대로 필사

89. 코칭 관련 책 한 권 필사하기

: 대화법, 경청의 중요성 관련 도서 필사

90. 혼자서 영화 보러 가기

91. 사람 많은 고깃집에서 홀로 삼겹살에 소주 마시기

: 사람들이 많이 쳐다봐서 부끄러웠다

92. 마케팅 공부하기

: SNS 마케팅, 퍼스널 브랜딩

93. 국제 보디빌딩 대회 나가기

: 골드 코스트 ICN 인터네셔널 보디빌딩 대회 출전

94. 군가 경영대회 출전하기

: 16개 소대 중 1위

95. 영상 공모전 출품하기

: 여행의 민족 2위 수상(사기당해 상품 받지 못함)

96. 다리 찢기

: 3개월 연습

97. 대학교 교양 스키 수업 강사하기

: 경상대학교, 진주교원대학교, 경남대학교

98. 스카이다이빙하기

: 호주 케언즈 4000m(14000피트)

99. 번지점프하기

: 호주 케언즈 50m(우리나라 기준 아파트 16층 높이)

100. 그레이트배리어리프 스쿠버다이빙하기

: 디스커버리 채널 세계 자연경관 50곳 중 2위로 선정된 명소에서 함

101. 경비행기 체험하기

: 서호주 퍼스로트네스트 섬에서 체험

102. 패러글라이딩 개인 비행하기

: 울산 신불산에서 첫 비행

103. 대학교에서 강연하기

: 대구 한의대에서 첫 시작

104. 세상을 향해 꿈을 외치기

: 유튜브 '체인지그라운드' 강연에서 "우리는 할 수 있다"라고 크게 3번

외침

105. 책 출간

: 『그냥,해!』(2019, 처음북스)

Contents

Part 1
인생의 터닝 포인트를 만나다

Part 2
두려움이라는 나침반을 따르면 보이는 것들

당신은 지금
가슴 뛰는 삶을 살고 계신가요?

수상 인명구조원 교관, 스키학교 부교감, 250킬로미터 고비사막 마라톤, 철인 3종 국제 아이언맨 대회 완주, 프리다이빙 대회 출전, 국제 보디빌딩 대회 출전, 1년간 15개국 세계여행…….

"도대체 이걸 왜 한다고 했지?"

아마 지금까지 제가 스스로에게 가장 많이 물어본 말일 겁니다.

'모험가 청년'이라는 거창한 타이틀을 걸고 이 책을 쓰고 있는 저는 사실 집에서는 '나무늘보'로 통합니다. 하루 24시간 중 서 있거나 앉아있는 시간보다 누워있는 시간이 더 많습니다. 가족들에게는 누워서 침대와 한 몸이 된 채로 휴대폰을 만지는 모습이 저의 대표 이미지일 것입니다. 매일 '일찍 자고 일찍 일어나야지'라고 다짐하지만 휴대폰을 하다 새벽 두 시가 되어야 잠들고, 해가 중천에 뜰 즈음 슬슬 일어나 냉장고를 뒤집니다. 게다가 체육교육과 출신이라 수도 없이 운동하고 보디빌딩 대회까지 나갔지만 선천적으로 절제력이 약해 수시로 살이 쪄 배가 나옵니다. 이런 천성 때문에 도전을 할 때마다 산에서든 하늘에서든 바다에서든 수백 번도 넘게 '다 그만두고 그냥 침대에 누워 과자나 먹고 싶다'고 생각하기도 했습니다.

이런 이야기를 하면 많은 분들이 화들짝 놀라곤 합니다. 강연에서 저의 도전 스토리를 들은 분들은 보통 제가 굉장히 생산적이고, 부지런하고, 아주 진취적인 청년일 것이라고 생각하기 때문입니다. 하지만 저와 가까운 지인들은 다 알고 있습니다. 제가 서른이 넘은 나이에도 어머니, 아버지에게 늘 덤벙거린다고 혼나는 덜렁이라는 사실을요. 외출할 때마다 지금도 어머니는 제게 목소리를 높입니다.

"최지훈! 선크림 또 안 발랐지!"

아마 지금쯤 궁금해하실지도 모르겠습니다.

'나무늘보 최지훈이 다양한 도전을 해낼 수 있었던 원동력은 무엇일까?'

괜히 민망해집니다. 대답이 싱거울 것 같아서 그렇습니다. 왜냐하면…… 저는 정말 '그냥' 했을 뿐이기 때문입니다.

원래 저는 성격이 아주 단순합니다. 복잡한 일은 딱 질색입니다. 그래서 선택의 기로에 서 있을 때마다 많이 생각하지 않고 그냥 저를 내던졌습니다. 이 때문인지 운 좋게 적성에 맞는 분야를 늦지 않게 찾았고, 그 후로 작은 도전들이 시작되었습니다. 곧 '가슴 뛰는 삶'이 무엇인지 깨닫고 운명처럼 도전의 길로 들어섰습니다.

그렇다고 제가 도전할 시간과 돈이 넘쳐나는 금수저냐, 그렇지 않습니다. 평범한, 아니 오히려 넉넉하지 않은 가정에서 자랐습니다. 꿈을 이루려고 설거지, 청소, 건설 현장 작업은 물론 고기잡이 배에도 오르는 등 15가지가 넘는 일을 해야 했습니다. 잼 살 돈이 없어 맨 식빵을 뜯어먹으며 하루하루를 버티기도 했습니다. 취약한 부분도 많습니다. 가뜩이나 게으른데 물 공포증·대인기피증·고소공포증이 심했습니다. 성격도 우유부단하고 내성적이었습니다. 그래서 도전 과정에서 셀 수 없을 만큼 좌절과 실패를 겪었습니다. 저를 '도전의 아이콘'이라고 부르는 분들이 있지만, 사실 저는 '실패의 아이콘'에 더 가깝습니다.

그럼에도 불구하고 이 도전 과정 자체가 제 삶을 긍정적으로 바꾸었습니다. 성공하든 실패하든 무언가에 스스로를 내던지면 자신이 성장한다는 사실을 깨달았습니다. 별 생각없이 '그냥' 하려 하는 제 방식이 도전가로서의 삶에 있어서는 최상의 도구였던 것입니다.

우리는 보통 도전하기 전에 닥칠 위기를 예상해보고 장애물이 나타날 것 같으면 시작도 하기 전에 스스로 의지를 꺾어버립니다. 하지만 제 경험상 도전을 하다 보면 다양한 변수와 마주쳤을 때 그 상황에 맞는 보이지 않던 길들이 보이기 시작합니다. 물론 지나치게 낙관적이라고 생각하실 수도 있겠지만, 저는 도전이라는 험난한 길을 걸으면 걸을수록 더 많은 기회를 만들 수 있었습니다.

Simple is the Best.

오래된 격언은 역시 틀린 것이 없습니다. 이 단순한 '그냥 정신' 덕분에 저는 지금 가슴 뛰는 삶을 살고 있습니다.

강연을 하며 많은 분들을 만날 때마다 안타까운 점이 있습니다. 팍팍한 사회에서 실패의 리스크를 줄이고자 도전을 남의 일처럼 여기게 된 분들이 많다는 것입니다. 사회생활이 시작되기도 전에 안정적인 일을 찾을 생각만 할 수밖에 없게 되었거나 낯선 환경에 자신을 내던지는 법을 배우지 못한 분들이 정말 많습니다. 도전하고 가슴 뛰는 삶을 살고 싶지만 현실이라는 장벽에 부딪혀 스스로 포기하는 경우도 많이 보았습니다.

저는 누구나 가슴 뛰는 도전을 할 수 있으며 도전을 하면 삶이 변화한다고 믿습니다. 고민하지 말고, 망설이지 말고, 그저 '그냥' 해본다면 그 도전이 크든, 작든, 성공하든, 실패하든 그 과정을 겪는 것만으로도 성장할 수 있습니다. 그리고 무엇보다 별 볼일 없는 제가 해냈으니 여러분도 충분히 할 수 있습니다.

이것이 이 책을 쓰게 된 이유입니다. 지금까지 제가 직접 몸으로 부딪쳐 얻은 보물을 여러분과 함께 나누고 싶습니다. 좌충우돌하며 깨달은 저의 소소한 노하우가 여러분에게 작은 도움이 되길 소망합니

다. 무엇보다도 제 책을 읽고 여러분의 가슴이 뛴다면 진심으로 행복

할 것입니다.

모험가 최 지 훈

Part 1
인생의 터닝 포인트를 만나다

찌질이
쫄개
34명 중
32등

평균 이하의 찌질이, 나는야 쫄개!

"야, 쫄개야!"

내가 학창시절 내내 들은 말이다. '쫄개'는 내 별명이었다.

지금의 나는 도전가로서 많은 사람들에게 가슴 뛰는 삶을 이야기하고 있지만 예전의 나는 찌질이 중 왕 찌질이였다.

초등학교 시절 나는 뛰어 놀기 좋아하고 수영, 탁구, 바둑 등 이것저것 배우기를 굉장히 즐기는 아이였다. 그러나 중학교에 올라가면서 나는 조금씩 변하기 시작했다. 중학교에 진학한 이후 복싱과 바둑에 관심이 많아져 가족들과 식사하던 도중 아버지께 복싱이나 바둑을 배우고 싶다고 하니 언성을 높이시면서 둘 다 안 된다고 단칼에 잘라 말씀하셨던 기억이 난다. 우리 부모님뿐만 아니라 그 당시 모든 부모님의 대세 마인드는 '나는 대학에 가지 못했지만 자식들은 어떻게 해서든 대학에 보내겠다'였다. 부모님 입장에서는 자식이 평범하게 공부해서 좋은 대학에 들어가고 이후에 안정적인 삶을 살길 바라셨을 것이다.

그 후 나는 이루고 싶은 목표가 없어졌고 게임에 푹 빠졌다. 게임을 잘하니 가상현실 내에서는 인정을 받기 시작했다. 그래서 더욱 게임에 몰입하게 되었다. 그러다 보니 어느새 친구들과의 소통도 단절되었고 고등학교에 진학해서는 친구들에게 말도 제대로 못하는 내성적이고 우유부단한 성격이 되어버렸다. 여기에 왜소한 체구에 느린 행동까지 더해져 친구들은 자연스레 나를 만만하게 보았다.

그리곤 나도 모르게 '쫄개'라는 별명이 붙었다. 쫄따구처럼 가소롭다는 뜻이었다. 하지만 주위 친구들이 나를 무시하며 쫄개라고 불러도 화조차 낼 줄 모르고 바보같이 웃고 넘어갈 정도로 내 자존감은 바닥이었다. 그러고는 집에 가면 교복도 벗지 않고 밤새 게임만 했다. 그러니 자연스럽게 학교에서는 공부에 집중을 하지 못하고 틈만 나면 졸았고, 그 결과 고등학교 3학년 여름 모의고사 성적은 34명 중 32등이었다. 그나마도 나머지 두 명은 축구부였다.

부모님께서는 이런 내 모습을 보며 "공부는 못할 수 있지만 성격이라도 좋아야 할 텐데" 하시며 걱정하셨고 나는 부모님의 마음도 모른 채 3학년 여름까지 게임에만 빠져있었다. 현실에서는 인정해주지 않는 찌질이지만 게임에서는 다들 나를 멋있고 대단하다며 우러러보았기 때문에 차라리 가상세계에서 살고 싶다는 생각까지 했다.

그러던 중, 우연히 내 인생의 터닝 포인트를 만났다.

결핍이 나에게 준 선물

나는 학창 시절 친구들과 의사소통도 잘하지 못하는 게임 중독자 찌질이였기 때문에 내 삶을 변화시키고 싶은 마음이 그 누구보다 간절했다. 그래서 더욱 많은 것을 배우고 성장할 수 있었다. 모든 것이 풍족했다면 오히려 그 삶에 만족하면서 지금까지도 안이한 삶을 살아왔을지 모른다. 이처럼 결핍은 나를 어떤 일에 끝까지 도전하도록 도와주었고 더 나은 사람이 되도록 해주었다. 결핍이 나를 도전가로 만든 것이다. 그러니 열등감을 가지고 있어도 스스로 자책하지 말자. 꿈은 결핍을 가지고 있는 사람이 더욱 빨리 이룬다.

흥미+목표+간절함=?

흥미에 목표를 더하면 어떻게 될까? 간절함이 생긴다.

그럼 흥미와 목표에 간절함까지 더해지면 어떻게 될까? 나는 가슴이 미칠 듯이 뜨겁게 뛴다는 사실을 알았다.

게임에만 빠져 지냈던 나는 밤 열 시까지 하는 야간자습이 너무 싫었다. 그래서 어떻게 야간자습을 빼먹고 게임에 시간을 더 투자할 수 있을까 고민하다 예체능 반은 야간자습을 하지 않다는 정보를 알았다. 미술, 음악은 자신이 없었고 체육은 어릴 적부터 좋아했으니 체대 입시에 지원해야겠다고 결심했다.

그러려면 부모님께 허락을 받아야 했다. 하지만 막상 말하려고 하니 중학교 시절 운동을 반대하셨던 것이 생각이 나서 말씀드리기가 조심스러웠다. 하지만 게임을 하고자 하는 의지가 얼마나 강했는지 결국 용기를 내 말씀드렸고, 부모님께서는 처음에는 잠깐 고민하셨지만 한 번 해보라고 하셨다. 크게 반대하실 줄 알았는데 생각보다 쉽게 허락해주셔서 깜짝 놀랐다. 아마 부모님은 매일 게임만 할 바에는 나가서 운동이라도 하라는 생각이셨던 것 같다.

그렇게 나는 체대 입시를 시작했다. 기대와 달리 오히려 게임할 시간은 더 없었다. 당시 비만이었던 나는 처음 체대 입시학원에 들어갔을 때 100미터를 수십 번 질주했는데, 그날 힘들어서 구토를 했다. 야간자습보다 더 힘들었다.

일주일 동안 정말 보랏빛이 눈앞에 아른거릴 정도로 구토를 했지만 그럼에도 불구하고 체대 입시 학원은 나와 정말 잘 맞았다. 하루하루 심장이 터질 듯 운동하면서 "파이팅!" 하고 소리를 지르다 보니 내 표정과 성격이 눈에 띄게 좋아지기 시작한 것이다. 친구들이 요즘 즐거운 일 있냐고 물을 정도로 표정이 밝아졌고 매일매일 기분이 업 되어 있었다.

또 정말 잘 뛴다, 핸드볼 잘 던진다, 턱걸이 잘한다 등 칭찬을 받았다. 가상세계가 아닌 현실에서 인정받기 시작한 것이다. 같이 운동하는 친구들은 학원에 가기 싫다며 힘들어했지만 나는 빨리 학교 수업이 끝나서 운동하러 가고 싶었다. 또 보통 입시학원에 다니면 목표 대학을 먼저 정하고 그에 맞는 실기를 준비한다. 그렇게 '사범대학 체육교육과'라는 인생의 첫 목표가 생겼다.

이렇게 좋아하는 것과 목표가 생기니 마음 한 구석에서 '간절함'이 올라오기 시작했다. 불과 한 달 전만 해도 매사 무기력했던 내가 흥미와 목표를 가지게 되었고 이제는 합격이라는 간절함까지 생기다니 참 아이러니했다. 하지만 학원 선생님께서는 고 3 여름방학 때까지 모의고사가 꼴등이었기 때문에 실기에서 만점을 받지 않는 이상 원하는 대학에 합격하기 힘들다고 하셨다. 그리고 지인 99퍼센트가 안 될 거라고 했다.

그 무렵 TV에서 인디언 관련 속담 두 개를 듣고 몸에 번개를 맞은 듯 전율을 느꼈다. 속담 중 하나는 인디언이 기우제를 지내면 무조건 비가 온다는 것이었다. 비가 올 때까지 기우제를 지내기 때문이란다. 두 번째는 '1만 번을 생각하면 어떤 꿈이든 이룰 수 있다'였다. 체육교육과 합격이 정말 간절했던 나는 이때 들은 인디언 속담이 종교처럼 느껴져 일단 무조건 믿어보기로 했다. 내가 체육교육과에 합격하려면 체육교육과 합격을 1만 번은 생각하자! 그리고 비가 내릴 때까지 기우제를 지내는 인디언 부족처럼 될 때까지 해보자! 그렇게 1만 번 생각하기를 시작했다.

처음에는 밥 먹다가 깜빡하고 놀다가 깜빡하는 등 자주 잊어서 포스트잇을 활용했다. 책상, 공책, 볼펜, 화장실 문처럼 눈에 보이는 곳마다 '체육교육과'라고 적힌 포스트잇을 붙였다. 아침, 점심, 저녁 먹기 전에도 눈 감고 체육교육과를 생각하고 밥을 먹었다. 그러다 보니 내 간절함은 더욱 증폭될 수밖에 없었고, 결국 중학교 때부터 6년간 매일 한 게임을 스스로 끊었다.

잘 때는 꼭 한 종목씩 이미지 트레이닝을 했다. 100미터 달리기를 할 때 자꾸 팔을 앞으로만 치는 습관이 있어 뒤로 쳐주는 상상을 계속하면서 잠들었다. 다음날은 핸드볼 던질 때 허리를 잘 쓰지 못하고 팔로만 던지니 이를 보완하고자 허리를 쓰는 동작을 계속 생각했다. 그렇게 자는 시간 외 모든 시간을 쏟아 부어 목표인 체육교육과 들어가기에 전력을 다했다. 흥미에 목표와 간절함이 더해지는 순간, 내 가슴은 처음으로 미친 듯이 뛰고 있었다.

시간이 지나 수능을 봤고 나다운 점수를 받았다. 평균 6등급으로 기억한다. 이제 실기 성적을 만점 받지 않는 이상 사범대학에 붙기는 힘들었다. 다행히 그동안 미친 듯이 운동을 해 마침내 기적처럼 만점이 나오는 실력을 얻을 수 있었다.

대망의 실기시험 날이 다가왔다. 만점의 기적을 바랐지만 긴장을 많이 해서 그런지 평소 기량보다 실기를 잘 못 쳤다. 다른 친구들은 그 정도도 최상위권이라고 했지만 내 입장에서는 만점이 아니면 붙기 힘들었기 때문에 시험이 끝나고 봉고차 뒤에서 아쉬움의 눈물을 흘렸던 기억이 난다.

하향 지원으로 다른 대학교에 갈 준비를 하면서 한 달 동안 조용히 지내던 중, 사범대학 체육교육과 발표 날에 큰 기대 없이 메일을 봤는데 정말 놀라서 눈이 휘둥그레졌다. 내가 '후보 4번'이었다! 보통 후보

20번까지는 합격한다고 했기에 나는 소리 지르면서 기쁨의 눈물을 흘렸다. 종교는 없지만 신에게 감사하다고 하루 종일 몇 번을 외쳤는지 모르겠다. 그리고 바로 부모님께 전화해서 합격했다고 소식을 전해드렸을 때의 행복감은 10년이 지난 지금도 내 가슴을 뛰게 만든다.

가슴 뛰는 삶을 사는 법

1. 좋아하는 일을 찾아라.
2. 꾸준히 몰입하라.
3. 일에 목표를 가져라. 개인적인 욕심이 아닌 타인에게 도움이 될 때 열정은 더욱 빛나고 많은 사람들에게 존중받는다.
4. 긍정적인 미래를 그려라. 포기만 하지 않으면 실패하든 성공하든 내 삶에 좋은 결과가 있을 것이라는 믿음이 중요하다.

*불가능한 목표보다는 지속 가능한 작은 성취가 중요하다.

20년 후, 내 선택은

우리 부모님은 내가 어릴 때부터 많은 경험을 하기 바라셨다. 그래서 나는 당시 붐이었던 피아노, 수영, 바둑, 탁구 등을 하나씩 배웠다. 초등학교 4학년 때는 수영장에 다녔는데, 장난기가 넘쳤던 탓에 발이 닿지 않는 1.5미터 풀에 빠져 죽을 뻔했다. 그 후 나는 샤워하다 얼굴에 물이 닿으면 나도 모르게 숨을 헐떡거릴 정도로 물에 대한 트라우마가 생겼다.

성인이 되어 친구들과 바닷가에 놀러 간 날, 우연히 수상인명구조원을 보았다. 그때의 감정은 10년이 지난 지금도 생생하다. 해변에서 검은 선글라스에 붉은 팬츠를 입고 레스큐 튜브를 메고 다니는 모습에서 눈을 뗄 수 없었다. 나는 물을 무서워하는 겁쟁이지만 인명구조원은 익수자溺水者를 구하는 직업이기에 그 모습이 너무나도 부러웠던 것이다. 나도 저렇게 된다면 얼마나 행복할지 상상도 해보았다.

그러나 샤워하다가 얼굴에 물이 닿으면 숨도 제대로 못 쉴 정도로 큰 트라우마를 가지고 있는 내가 과연 수상인명구조원을 할 수 있을까? 나는 바보처럼 밤잠을 설칠 정도로 이에 대한 고민을 하기 시작했고 그렇게 3개월이 지났을 무렵, 문득 이런 생각이 들었다.

'20년 후의 나라면 지금 도전하지 않은 것을 두고 후회할 것인가 후회하지 않을 것인가?'

스스로에게 질문을 해보니 안 하면 평생 두고두고 후회할 것 같았다. 정답은 나에게 있었다.

결국 나는 겁도 없이 수상인명구조원 과정을 신청했고, 3개월간 수영 연습을 했다. 동기들은 다들 술 마시고 노는데 그 유혹을 뿌리치고 나 홀로 외로이 수영 기초 초급반에 들어갔다. 그곳에서 킥판을 잡고 발차기를 시작했다. 그러나 물에 대한 거부감이 커 늘 가장 뒤쳐진 탓에 수영강사님이 "지훈 씨, 힘내자!"를 외치며 내 이름까지 외울 정도였다. 초등학생과 아주머니들보다도 뒤쳐질 때는 아주머니들이 체대생 맞느냐며 박장대소하시며 놀리셨는데, 정말 부끄러웠다. 하지만 붉은 팬츠를 입은 멋진 수상인명구조원이 된 내 모습을 생각하며 수업이 끝나도 혼자 남아 발차기 연습을 했고, 학교 수업이 끝나자마자 버스 타고 수영장에 가서 또 연습했다.

친구들은 다들 그거 해서 뭐하냐고, 그냥 같이 술 마시고 놀자고 했다. 그러나 나는 지금까지 두려움을 마주치면 늘 회피하기만 하며 살았으니 이번에는 그 틀을 깨고 한번 부딪쳐보고 싶었다.

대한적십자 수상인명구조원 교육 과정 첫날. 안이하게 연습한 나는 훈련 한 시간 만에 내가 왜 지원했을까 후회하고 있었다. 발이 닿지 않는 5미터 풀에 있는 것 자체로도 나에게는 큰 부담이었던 것이다. 하던 대로 물에 떠있으면 되는데 심리적인 부담이 커서인지 호흡이 너무나 힘들었다.

지금도 이렇게 힘든데 남은 7일을 어떻게 훈련받을까 두려워진 나는 결국 트라우마를 극복하지 못한 채 포기하고 말았다. 집에 가는 버스 안에서 얼마나 마음이 착잡하고 서러웠는지……. 내가 이 정도밖에 안 되나 하는 생각이 들면서도 지옥 같은 그곳에서 빠져나왔다는 것에 안도하고 있는 나 자신이 너무 싫었다.

인명구조원 과정 도전은 물에 대한 트라우마를 극복하고자 했던 나에게 오히려 독이 되었다. 그냥 편하게 살면 되는데 뭐하러 도전했나, 차라리 모르고 살았으면 어땠을까 하는 생각이 들었다.

'내가 이러려고 도전했나?'

자괴감도 들었다.

그래, 내 주제에 무슨 인명구조원이야 하는 자책과 아쉽고 속상한 마음이 한 달 동안 나를 괴롭혔다. 침대에 누워 어두컴컴한 천장을 보며 도대체 나는 미래에 무엇을 하고 있을까 생각해보았다. 그러다 문득 이런 생각이 떠올랐다. 20년 후의 나는 지금 나에게 다시 일어나라고 할 것인가 아니면 이 정도까지 도전했으니 만족하라고 할 것인가? 미래의 나는 한 번의 실패를 겪은 나에게 다시 일어나라 말하고 있었다.

그래서 다시 도전하기로 했다. 앞으로 두고두고 후회하기 싫었기 때문이다. 수영 동아리에 가입했고 매주 토요일 새벽마다 수영을 했다. 당시 나는 술을 엄청나게 마셨는데, 토요일 새벽까지 술을 마시며 밤을 새도 잠을 자지 않고 수영하러 나갈 정도로 의지를 보였다. 친구들이 신나게 놀 때 주 3회 이상 혼자 버스를 타고 수영장을 다녔다. 지겨울 때도 많았고 고독했지만 수영에 소질이 없었기 때문에 남들의 두 배 이상으로 열심히 해야 했다. 그리고 책상 앞에 멋진 인명구조원 그림을 붙여놓고 잘 때마다 선글라스를 쓰고 라이프가드^{Lifeguard} 로고가 새겨진 유니폼을 입고 레스큐 튜브를 들고 있는 나를 상상했다.

그렇게 1년을 보낸 후 벼르고 벼르던 인명구조원 자격증 과정에 다시 지원했다. 이 정도 준비했으면 이번엔 쉽게 수료할 줄 알았는데 어찌나 힘들었는지 당시 함께 지낸 룸메이트 말로는 내가 잠을 잘 때 끙끙 앓으며 식은땀을 흘리고 잠꼬대까지 했다고 한다.

이렇게 힘든 과정을 거쳐 끝내 나는 수상인명구조원이 될 수 있었다. 1년의 간절함 끝에 드디어! 다른 사람들 중에는 한두 달 준비해서 수료한 사람도 있었지만 전혀 개의치 않았다. 오직 내가 물에 대한 두려움을 이겨냈다는 것이 정말 행복했다.

1년이 지난 후, 나는 더 큰 결심을 했다. 인명구조원을 양성하는 인명구조원 강사 과정인 '수상안전법강사'에 도전하기로 한 것이다. 이 강사 과정은 모든 대한민국 수상인명구조원의 로망이자 인명구조원 중에서도 5퍼센트도 안 되는 사람만이 취득한 자격증이다. 나와 함께 인명구조원을 수료한 사람들조차 동경만 할 뿐 아무도 지원하지 않을 정도로 험난한 과정이기도 하다.

강사 과정이 시작됐다. 수영 연습이 많이 부족했던 나는 정말 개거품을 물면서 교육을 받았다. 하필 또 현역 SSU(해양구조대) 정예 멤버 15명과 함께 해서 강도가 극심하게 높았던 것 같다.

교육 1일 차.

온몸에 진이 다 빠질 정도로 힘들었고 내가 왜 이곳에 왔을까 후회하기 시작했다. 새벽 다섯 시에 일어나 구보 및 체력 단련을 하고 오전에도 오후에도 강도 높은 훈련을 받았다. 아침 여덟 시부터 저녁 다섯 시까지 물에 뜬 채로 훈련받고 저녁에는 쉬지도 못하고 빽빽하게 리포트를 쓰고 모의 강의 연습을 해야 해서 육체적 피로와 정신적 스트레스가 이만저만이 아니었다.

7일 차.

훈련 중 반기절할 정도로 심하게 몸살이 났다. 저녁에 머리가 깨질 것처럼 너무 아파서 병원에 갔고 링거를 맞았다. 그리곤 다시 숙소에 와서 모의 강의를 준비했다. 매일 한숨이 나왔고 마음이 착잡했다. 휴식시간에는 교육생들 사이에 침묵만 흐를 때가 많았다. 그만큼 모두

가 힘들어 했다. 내 인생에서 이보다 힘들 일이 있을까, 하루하루가 지옥 같다는 생각도 들었다. 미칠 듯이 힘들었지만 '과정을 수료하는 10일 후에도 어차피 나는 살아 있을 것이다' 하는 생각으로 버텼다.

결국 지옥 같던 10일을 견뎌 테스트를 통과했다. 단 한 번의 열외 없이 강사 과정을 수료한 것이다. 내가 정말 말로만 듣던, 꿈으로만 생각했던, 수영인들의 동경의 대상이자 로망인 수상안전법 강사가 된 것이다. 물론 많은 시행착오를 겪었지만 3년의 간절함 끝에 드디어 상상을 현실로 이루어 낼 수 있었다.

이렇게 나는 물에 대한 트라우마를 가진 맥주병에서 수영 관련 자격증을 네 개나 취득한 수영강사이자 수상인명구조원이 되었고 다양한 해양스포츠를 즐길 정도로 물을 사랑하게 되었다. 그리고 이때의 도전은 지금도 내 인생에 엄청난 에너지를 주고 있다.

마흔 살의 내가 스무 살의 나를 마주한다면 무모했다고 말할까? 아니면 끝까지 포기하지 않고 노력해줘서 고맙다고 할까? 적어도 서른 살의 나는 결과에 상관없이 후회 없는 선택을 했다고, 정말 대견하고 자랑스럽다고 말해주고 싶다.

이를 계기로 처음으로 지인들에게 인정을 받아 자존감이 하늘을 찌르듯 높아지기 시작했다. 그리고 한 가지 사실을 깨달았다.

느려도 된다. 실패해도 된다. 포기만 하지 않으면 가슴 뛰는 꿈은 반드시 이루어진다.

목표를 멀리 내다보기

많은 사람들이 장기적인 목표를 가지지 않고 단기적인 목표만 세운다. 하지만 바로 보이는 단기적인 목표는 사람을 급하게 만든다. 그러다 보면 눈앞의 결과에 집착하느라 과정은 소홀해질 수밖에 없다. 결국 알맹이는 없고 빈 껍데기만 남는다.

내 생각에 이러한 마인드를 가진 채로는 수십 번, 수백 번 도전해도 좋은 결과를 만들어내기 어렵다. 우리의 사명과 진정한 가치는 짧은 시간에 이루어질 수 없다. 최소 몇 년 이상, 길게는 몇십 년까지 멀리 봐야 한다.

아! 그래서 훌륭한 분들이 나에게 '꾸준함의 중요성'을 강조하셨구나!

목표를 멀리 내다보는 습관과 꾸준함이 함께 발휘되어야 비로소 내가 원하는 기대 이상의 성취감과 성장을 얻을 수 있는 것이다.

우물 밖 개구리가 되자

    2008년, 인생 첫 도전인 수상인명구조원 자격증 과정을 포기하고 나온 그 해 겨울이었다. 이룬 것, 성취한 것은 하나도 없고 그저 우유부단하고 자신감도 바닥이던 시기였다. 마침 대학 선배가 나에게 스키강사를 추천해주었다. 스키강사는 어릴 적부터 내 로망이었기 때문에 꼭 하고 싶었지만 나는 한 번도 스키를 타본 경험이 없었다. 스키부츠도 못 신는데 스키강사가 될 수 있을까? 말도 잘 못하는 내가 사람들에게 무언가를 가르칠 수 있을까? 정말 하고 싶은데 자신은 없고……. 고민하다가 이런 생각이 들었다. 스키 못 탄다고, 많은 사람들 앞에서 말하는 게 부끄럽다고 포기한다면 평생 포기하는 삶을 살지 않을까? 시도조차 하지 않는 것이 나 자신에게 더 부끄럽다고 생각했다.

그래서 일단 가보기로 했다. 스키 못 탄다고 욕먹으면 욕먹고, 강습 제대로 못해서 나가라고 하면 그때 나가면 되지 않는가? 지금 아니면 나는 스키강사를 평생 동경만 하며 살겠다는 생각이 들었다.

바로 짐을 싸서 충주 스키장으로 올라갔다. 아니나 다를까, 생각보다 별것 없었다. 그동안 계속 걱정하고 긴장했던 것을 생각하면 후회가 될 정도였다. 나처럼 스키를 처음 타는 사람도 많아 스키 부츠를 신고 걸음마부터 배우기 시작했다. 저녁에는 강습 대본을 자기 전까지 외웠다.

그렇게 추운 수습생 기간이 끝나고 꿈에 그리던 강사를 시작하게 되었다. 첫 강습 전날 밤, 한숨도 못 자고 대본을 외웠지만 행복감에 설레던 내 모습이 아직도 생생하다. 첫 강습생은 가족이었는데, 이름도 다 외우고 아이들의 스키를 직접 잡아주면서 열정적으로 가르쳤다. 나도 이제 스키 강사라는 생각에 하루하루 행복했다. 그렇게 스키를 타고 가르치는 매력에 푹 빠져서 4년간 스키강사 일을 했고 예비 스키강사 교육도 하고 신년 맞이 스키 퍼포먼스에도 참여했다.

그렇게 나는 어릴 적부터 동경하며 상상만 하던 스키강사가 될 수 있었다.

스키 수업을 듣는 사람들은 스키를 처음 타기 때문에 일단 가볍게 안부를 주고받으며 긴장을 풀어줘야 한다. 그러다 보니 밝게 인사하

면서 장난도 치게 되었다. 반대로 가르칠 때는 프로페셔널해야 하기 때문에 당당한 모습을 보여주게 된다. 또 서로 대화가 통해야 피드백도 잘 되고 강습이 원활하게 진행되기에 주로 리프트를 타고 올라가면서 대화를 유도했는데, 어느 새 자연스럽게 사람들과 공통된 주제를 찾고, 화제를 전환하고, 공감과 경청을 하고 있는 것이 아닌가. 늘 버벅대고 사람들과 말도 잘 못하던 내가 소통하는 센스가 생긴 것이다.

강사 생활을 하며 5살배기 아이부터 60세가 넘은 어르신까지 500명이 넘는 사람들을 만나면서 세상에는 정말 다양한 사람이 많다는 사실을 알았다. 세계여행자, 장의사, 교사, 군인, 대기업 CEO, 교수, 뮤지컬 배우, 서커스 단원, 스포츠 선수, 마술사 등 평생 만나기 힘든 사람들의 이야기를 들을 수 있었다. 그때마다 이런 게 있구나 하고 늘 감탄했다. 내가 알던 세계가 아닌 또 다른 세계들이 보이기 시작했다.

그동안 나는 스스로를 고정관념이라는 틀에 가둬두고 있었다. 인문계, 대학교, 군대, 취업, 내 차 마련, 집 장만, 결혼까지 당연히 내가 가야 할 길이라고 생각했다. 그리고 여기서 조금만 어긋나도 죄지은 사람이 될 것처럼 살아왔다. 하지만 어긋난다 해도 '다른 길'일뿐이지 '잘못된 길'은 아니지 않은가? 나는 내가 알고 있는 세상이 수천, 수만 개의 세상 중 하나라는 사실을 알았다. 이때 결심했다. 이제는 우물 안 개구리가 아닌 우물 밖 개구리가 되자고. 이렇게 할 것이 많고 재미난 세상인데 왜 지금까지 모르고 살았을까? 나도 이 세상에서 할 수 있는 것을 최대한 많이 경험해보자고 다짐했다.

20살 겨울, 나는 처음으로 버킷리스트를 쓰기 시작했다. 또 다른 세상을 보기 위하여.

버킷리스트 작성법

1. 디테일하게 적는다.

예: 매일 운동하기(X)
   하루에 30분 팔굽혀펴기 10회, 윗몸일으키기 20회 하기(O)

2. 숫자로 수치화한다.

예: 30일 동안 5킬로그램 감량, 1월 30일까지 1일 30페이지씩 책 읽기

3. 단기, 중기, 장기적인 목표를 세운다.

예: 한 달 계획, 3개월, 6개월, 1년 계획, 5년 계획, 평생 계획 쓰기

4. 리스트는 언제든 변경 될 수 있으므로 수시로 수정하고 확인한다.

5. 말도 안 되는 것이라도 상상하는 대로 다 적는다.

6. 나만의 꿈이 아닌 타인을 기쁘게 할 목록도 적는다.

7. 작성 후 우선순위를 정하고 가장 쉽고 작은 것부터 실천한다.

8. 매일 볼 수 있는 곳에 붙인다.

*세계적으로 유명한 자기계발 전문가 브라이언 트레이시는 "사람들이 행복하지 않는 이유는 목표가 없기 때문"이라고 말했다. 목표가 있고 좋아하거나 하고 싶은 것이 많으면 이것이 삶의 원동력이 된다.

나에게 두려움이란

'나에게 두려움이란?' 영상 보기

나는 찌질한 학창 시절을 보내서인지 사람들과의 대화를 어려워했고 사람들이 많은 곳을 기피하곤 했다. 행여 주목받으면 머릿속이 새하얘지고 온몸이 벌벌 떨렸다.

멋진 수상인명구조원이 된 후에도 내 성격은 여전히 우유부단했고 내성적이었다. 대학교 수업에서도 늘 소극적이었다. 수업만 들어가면 맨 뒤쪽 구석에 앉았고 행사를 하면 뒤에서 병풍처럼 보조하는 역할만 해왔다. 동기들에게는 나서기를 싫어한다고 말했지만 사실은 리더십 있고 적극적으로 행동하는 동기들이 부러웠다. 나도 그들처럼 리더십 있고 사람들 앞에서 당당하게 말할 줄 아는, 주목받는 사람이 되고 싶었다.

하지만 수상인명구조원이 된 후 다른 두려움도 내가 포기만 하지 않으면 극복할 수 있겠다는 생각 또한 했다. 그래서 새로운 두려움을 찾아 도전을 시작했다. 소심한 성격을 극복하려고 육군 장교에 지원하기로 결심한 것이다.

1년을 준비해 1차 필기, 실기시험을 우수한 성적으로 통과했지만 최종면접에서 불안한 모습을 보였다. 내가 무슨 말을 했는지 기억도 나지 않을 정도로 횡설수설했다. 그리고 떨어졌다. 그러나 포기만 하지 않으면 이룰 수 있다는 마인드를 가지고 있었기에 다시 1년 동안 준비를 했다. 이번에 떨어지면 다시 지원할 기회가 없었기 때문에 온 힘을 다해 준비했고, 우여곡절 끝에 육군 장교로 입대할 수 있었다.

장교 임관 후 자대 배치를 받았다. 그곳에서 내 첫 소대원들을 만났다. 소대원들도 새로 온 장교가 궁금했는지 다들 나를 뚫어져라 쳐다보고 있었다. 소대원들 앞에서 자기소개를 했는데 목소리가 떨리기 시작했다. 나름 담담하게, 자신감 있게 말하려 했지만 떨리는 목소리는 소대원들도 느꼈을 것이다. 간부인데 병사들 앞에서 떨다니! 스스로 너무나 부끄러웠고 나 자신이 원망스러웠다. 사람들 앞에서 나는 여전히 겁쟁이였다.

이후로도 잦은 실수와 내성적이고 우유부단한 성격 때문에 하루하루 혼나는 것이 일상이었고 과도한 업무로 하루에 두세 시간밖에 잠을 못 자니 날이 갈수록 신경은 예민해졌다. 나는 장교로 입대한 것을 진심으로 후회하기 시작했다. 소대원 앞에서 말하는 것도 겁났고 능동적으로 지휘하는 일이 두려워지기 시작했다. 또한 내가 장교로서 모든 책임을 지고 소대원들을 통제해야 했기에 부담감이 하루하루 쌓여가 말로 표현하기 힘들 정도로 힘들었다.

나는 시간이 지날수록 무기력해졌고 소대원들에게도 늘 믿음직한 모습을 보여주지 못해 나를 제대로 따르는 소대원이 하나도 없었다. 이 때문에 상급자에게 최지훈 소위는 병사랑 같이 있으면 누가 장교인지 알아보기 힘들다는 말까지 들었다. 아마 왜소한 체격과 앳된 얼굴, 늘 수줍어하고 자신감 없어하는 표정이 그런 인상을 심어준 것 같다. 그 말을 듣고는 망치로 쾅 하고 머리를 한 대 맞은 듯 굉장한 충격에 빠졌다. 매일이 너무나 괴로운 나날이었다. 시간을 돌릴 수 있다면 병사로 입대하고 싶었다. 밤 열 시가 넘어서 퇴근하는 것이 일상이었고 숙소에 들어가서도 불도 켜지 않은 채 조용히 밤하늘의 달을 보며 왜 장교로 지원했을까 한숨만 쉬었다.

그러던 어느 날, 한 소대원 부모님께 전화가 왔다. 아들이 잘 지내는지 항상 보고 싶고 걱정되는 마음에 원래는 전화를 하면 안 되지만 소대장님께 전화를 했다고 하셨다. 나는 그 말을 듣고 순간 우리 부모님 생각이 나 그 소대원이 군 생활을 하며 활짝 웃는 사진을 그 부모님께 보내드렸다. 그랬더니 얼마나 고마워하시는지, 정말 행복하다고, 수차례 감사하다고 말씀하셨다. 이 사실을 그 소대원에게 말해주니 그 또한 사진 보내주셔서 정말 감사하다고 말했다. 그 후로 그 소대원은 나만 보면 활짝 웃으며 반가워했고 나를 잘 따랐다. 그리고 자신의 고민을 나에게 허심탄회하게 말하기 시작했다.

얼떨떨했다. 예전에도 소대원들을 내 사람으로 만들려고 많은 노력을 했다. 소대원들이 짜장면, 치킨, 피자에 환장한다는 것을 알고 있었기에 많이 사주기도 했지만 그때만 좋아했을 뿐 나를 진심으로 따르지는 않았다. 그런데 사진 한 장 찍어서 보내드렸을 뿐인데 부모님과 그 소대원은 이 사진 한 장에 이토록 행복해하는 것이다!

문득 사람의 마음을 얻는 굉장히 좋은 방법이 떠올랐다. 그 사람이 사랑하는 사람을 행복하게 해주는 것이다. 이날 나는 작은 정성을 보태 조금만 신경 써도 사람의 마음을 움직일 수 있다는 사실을 깨달았다.

소대원들이 가장 사랑하는 사람은 누구일까? 바로 여자 친구 혹은 가족이다. 그때부터 여자 친구가 있는 소대원들에게 수시로 여자 친구와 통화를 할 수 있도록 해주었다. 가족들을 위해서는 '밴드'라는 그룹에 매일 사진 수십 장과 생동감 있는 영상을 틈틈이 찍어서 올렸다. 나도 업무에만 몰두하고 싶고 휴식시간에는 쉬고 싶었지만 수시로 아이들 훈련하는 것, 밥 먹는 것, 휴식, 자는 것까지 찍어서 부모님들께 보내드렸다.

몇 개월이 지나니 부모님들에게 엄청나게 인기 있는 소대장이 되었다. 소대원들 또한 나를 진심으로 좋아한다는 것을 눈빛으로 느낄 수 있었다. 예전에는 열 가지 업무가 있으면 열 가지를 나 혼자 다 해

야 했다. 그러나 소대원들의 마음을 얻은 후에는 열 가지 업무 중 여덟 가지는 소대원들이 알아서 도와주었다. 나에게 찾아와 고민 상담을 하는 소대원들도 많아지기 시작했고 나 또한 한 명 한 명 친형처럼 진심으로 대하려고 노력했다. 이렇게 대화를 많이 하다 보니 매일 100명이 넘는 소대원들 앞에서도 전혀 떨지 않게 되었다.

나는 여기서 더 나아가 우리 소대가 대한민국 최고의 소대가 되는 것을 목표로 잡았다. 한 번은 사단장, 연대장을 시작으로 고위급 간부가 다 모인 자리에서 중대별로 장기자랑을 하는데 우리 중대에서 준비한 장기자랑 때문에 분위기가 썰렁해졌다. 장기자랑을 마무리하려는데 다시 장기자랑을 하라는 상급자의 지시가 내려왔다. 누군가는 해야 하는데, 아무도 선뜻 나서지 못했다. 순간 몇 초간 정적이 흘렀다. 다들 당황하고 있었다.

이 상태에서 5초만 더 흐르면 우리 중대가 타 중대보다 못하다는 이야기를 들을까 봐 갑자기 번쩍 손을 들고 노래 한 곡 부르겠다고 말했다. 대한민국 최고의 소대가 되고 싶다는 열망이 책임감을 가지게 한듯하다.

사단장, 연대장 포함 100명이 넘는 간부 앞에서 싸이의 '챔피언'을 부르며 정신 나간 사람처럼 춤까지 추었다. 내 노래와 춤을 본 모든 간부들이 박장대소했다. 비록 음치에 몸치지만 내 열정에 다들 감탄했던 듯하다. 그리고 평소에 조용하고 존재감 없던 내가 그렇게 춤추며 노래를 부르니 다들 놀랐을 것이다.

노래가 끝나자마자 엄청난 박수갈채가 쏟아져 나왔고 우리 중대의 사기는 엄청나게 올라갔다. 사단장님께서는 에너지 넘치는 내 모습이 마음에 드셨는지 정말 멋진 소대장이라고 하셨고 다른 상급자들도 정말 멋있었다고 진심을 담아 이야기해주었다. 그리고 다들 네 소대원들은 정말 좋겠다고 말씀하셨다. 그 분위기에서 나에게 건배 제의를 해보라고 하셔서 내친김에 사단장, 연대장 바로 옆자리에 앉아 건배 제의까지 했다. 이는 대기업 회장, 부회장 옆에 일개 사원이 앉아 그 상태에서 건배 제안까지 하는 것과 다를 바 없는, 군대에서는 정말 있을 수 없는 일이었다.

그렇게 나는 전역하는 그날까지 3년 4개월간 단 하루도 편한 날 없이 치열하게 군 생활을 하다가 전역했고 여전히 내 가슴속에는 우리 소대가 대한민국 최고의 소대로 남아있다.

　갓 입대했을 때의 나는 병사들 앞에서 말도 제대로 못 하던 장교였지만 전역할 때는 부대에서 나를 모르는 사람이 없을 정도로 정말 과분한 사랑을 받으며 당당히 전역했다. 전역 이후의 나는 더 이상 아웃사이더가 아니었고 어느 자리를 가도 분위기를 주도할 줄 아는 리더십 있는 사람이 되었다.

　수상인명구조원, 수상안전법강사, 스키강사, 육군 장교에 도전하면서 회피하고 싶었던, 내가 가진 두려움과 마주하는 순간 내 삶이 한 단계 성장함을 깨달았다. 그래서 이후로 더 나은 사람이 되고자 두려움을 따라 본격적으로 도전하기 시작했다. 그리고 첫 좌우명을 얻었다.

　나에게 두려움이란 인생의 나침반이다.

내 삶에서 가장 힘들었던 일을 꼽으라면 군 생활 중 8개월간 GOP 철책선을 지킨 일을 꼽겠다. 하루에 열 시간씩 똑같은 산을 오르락내리락했고 잘 수 있는 시간이 다섯 시간도 안 되는데 이 시간을 쪼개서 업무까지 봐야 했다. 그래서 하루에 세 시간 정도밖에 잠을 잘 수 없었다. 이를 매일 반복하다 보니 몸은 힘들고 스트레스는 쌓일 대로 쌓이고. 정말 미칠 지경이었다. 나는 군 생활이 내 인생을 정체시키고 있다고 생각했다.

한 번은 외출을 나갔는데 전화가 왔다. 왜 불길한 예감은 항상 틀린 적이 없을까? 큰일 났다고, 소대원의 실수로 큰 사고가 났다고 한다. 예전에는 정말 놀랐겠지만 그때는 이미 자포자기해서 놀랄 힘도 없었다.

급히 부대로 복귀하려고 정류장으로 가 버스를 기다렸다. 그때 맞은편 가게 앞에 진열된 식물을 보았다. 나는 지금 삶이 너무 무료하다는 생각에 개당 2,000원짜리 아기자기한 크루시아 세 그루를 가지고 복귀했다.

생각 없이 산 식물이었는데 그 덕분에 놀라운 변화가 찾아왔다. 식물이 무럭무럭 자랄 수 있게 영양제를 사는 등 손은 더 많이 갔지만 나에게 큰 활력소가 되었다. '근무가 끝나면 빨리 가서 물 주고 분무기 뿌려줘야지', '아침에 일어나면 햇빛 쬐게 해줘야지' 같은 생각이 힘든 상황 속에서 낙이 된 것이다.

나는 사진도 종종 찍으며 식물이 무럭무럭 자라기를 기다렸다. 가끔 생각보다 빨리 자라지 않는 것 같아 걱정도 하고 물을 너무 많이 주는 것은 아닌지 인터넷을 찾아보기도 했다. 처음에는 이 아기 식물들이 언제 자랄까 싶었는데 한 달 지나니 좀 커 있고, 두 달 지나니 부쩍 커 있고, 어느새 볼 때마다 무럭무럭 성장해있었다.

인간의 성장도 식물과 같다. 예전에 나는 아무리 발버둥쳐도 성과가 없고 힘들기만 하니 군대에서의 생활은 늘 정체되어 있다고만 생각했다. 그러나 돌이켜 생각해보면 눈에 보이지는 않지만 조금씩 성장하고 있었다. 마치 내가 키우던 식물처럼. 그러니 최선을 다한 일에 성과가 나지 않는다고 우울해하지 않으면 좋겠다. 분명히 우리는 지금 이 순간에도 식물처럼 보이지 않는 성장을 하고 있으니 말이다.

Part 2
두려움이라는 나침반을 따르면
보이는 것들

살면서 한 번쯤은 고집부려라

'살면서 한 번쯤은 고집부려라' 영상 보기

1. 철인 3종 경기

전역 후 내가 가장 이루고 싶었던 버킷리스트는 모든 남자의 로망인 철인 3종 경기였다. 하지만 전역한 당시에는 배가 엄청나게 나온 비만 상태였기 때문에 많은 사람들이 네가 무슨 철인 3종 경기를 하냐며 1년은 준비해야 한다고 조언했다. 나도 많은 분들의 조언을 듣고 내년에 해야겠다고 생각했지만 왜인지 그때는 기회가 없을 것 같다는 생각이 들었다. 그래서 혼자서 이곳저곳에서 철인 3종 경기 관련 정보를 알아보다 '울산 인피니트 철인 3종 클럽'이라는 곳에 가입했다. 전역한 지 불과 2일 만이었다.

마침 그 다음날 회원들끼리 바다수영을 한다고 해서 나도 새벽에 나가서 철인 3종 클럽 사람들과 처음 인사를 나누었다. 그리고 다음 날 클럽 가입을 하고 본격적으로 훈련을 시작했다. 비만이라 훈련하기 힘든 몸이었지만 하나씩 차근차근 알려주어서 자신감 있게 훈련할 수 있었다.

이렇게 전역 후 철인 3종에 입문하고 클럽 활동을 하기까지 채 일주일이 걸리지 않았다. 이때도 많은 지인들이 자기 친구가 철인 3종을 하니까 잘 안다며 너는 안 될 거라고 했지만, 내가 그 말을 듣고 미루었다면 내 꿈인 철인 3종 대회에 나갈 수 있었을까?

군대에서는 위계질서 때문에 늘 경직되어 있었는데 인피니트 클럽에서는 가족 같은 따뜻함을 느낄 수 있었다. 매주 바닷가에서 바다수영 연습을 했고 오순도순 전복 라면도 해먹었다. 클럽 식구들과 장거리 자전거 훈련도 했는데 한 번은 산꼭대기에 올라가다가 넘어지고 몸살이 난 기억이 난다.

1년 후, 꿈에 그리던 국제 아이언맨 대회가 열렸다. 1년마다 한 번씩 열리는 '철인 3종 국제 아이언맨 대회'는 바다수영 3.8킬로미터, 사이클 180킬로미터, 마라톤 42.195킬로미터를 이어서 완주해야 하는 극한의 도전이기 때문에 철인 3종을 하는 모든 동호인의 로망이다.

나는 동호회 사람들의 적극적인 지원 덕분에 꿈에 그리던 아이언맨 대회를 완주할 수 있었다. 3.8킬로미터 수영은 25미터짜리 수영장

을 60바퀴 도는 것과 마찬가지다. 출발과 함께 몸싸움이 치열해 다른 사람의 손에 얼굴을 맞아 물안경도 벗겨지기도 했다. 수영을 하고 나오니 이번에는 사이클을 180킬로미터나 타야 했다. 일곱 시간을 앉아 있으니 허리가 끊어질 듯 아프고 허벅지에 경련이 일어나기 시작했다. 한계에 다다를 때쯤, 마지막으로 42.195킬로미터 길이의 마라톤이 시작되었다. 이내 어두운 밤이 되었고, 귀에는 많은 선수들의 숨소리와 터벅거리는 발자국 소리밖에 들리지 않았다.

'도대체 왜 신청했을까?'

'다신 안할 거야.'

'포기하고 싶다……'

이 세 가지 생각만 수백 번 되뇌며 달렸다.

마지막 5킬로미터가 남았을 때 철인 3종 동호회 형, 누나들이 나와 함께 뛰어주었다. 순간 눈물이 났다. 나는 젖 먹던 힘까지 짜내 온힘을 다해 달렸고 마침내 아이언맨 대회를 완주할 수 있었다. 동호회 형, 누나들의 박수와 격려, 메달을 받을 때의 가슴 뜨거운 순간은 앞으로도 평생 잊지 못할 것이다. 만약 경험하지 않은 사람들의 말을 들었다면 지금도 나는 철인 3종 경기에 참여하지 못했을 것이다.

2. 세계 일주

나는 어떻게 세계일주를 결심하게 되었을까?

최전방에서 군 생활을 하던 중 8개월간 DMZ에서 근무한 적이 있었다. 그곳에서 나는 하루에 세 시간밖에 잠을 잘 수 없는 열악한 환경 때문에 고통스러운 나날을 보냈다. 정신적, 육체적으로 너무 힘들어서 8개월 내내 머리가 깨질듯한 편두통을 달고 살았다.

당시에는 삶의 보람을 느끼지 못해 하루 빨리 전역하고 싶다는 마음뿐이었다. 그래도 민간인은 볼 수 없는 DMZ의 대자연과 일몰 덕분에 힘든 DMZ 생활을 버틸 수 있었다. 푸르른 산을 붉게 물들이는 일몰은 말로 표현할 수 없을 정도로 황홀했고 내 가슴을 늘 뜨겁게 만들었다. 황홀한 일몰을 바라보며 지금 내가 가진 것은 하나도 없지만 훗날 훌륭한 사람이 되겠다고 매번 다짐했다.

딱 한 가지 아쉬운 점은 일몰을 볼 때 항상 DMZ 철책 사이로 봐야 했다는 것이다. 나와 일몰 사이에 놓인 철책선이 마치 나를 가두는 감옥 같았다. 일몰을 온전히 보려면 그 철책선을 뛰어넘어야 했다. 나는 DMZ 철책이라는 틀을 뛰어넘어 일몰 같은 눈부신 사람이 되고 싶었다. 그래서 전역 후 내가 갇혀있던 틀을 깨고 새로운 환경에 나를 온전히 던지고자 세계 일주를 결심했다.

여행을 떠나기 전, 사람들 대부분이 가는 것을 반대했다. 그러지 말고 직업군인으로 일해서 모은 돈으로 취업 준비하고 미래 계획을 세우라고 했다. 나도 괜스레 마음이 동요돼 내가 잘못하고 있나 생각했고 죄짓는 느낌도 들었다.

그런데 그때 세계 일주를 갔다 온 사람을 우연히 만나 100명이 넘는 세계일주자 모임에 참여할 기회가 생겼다. 모임에서 본 세계일주자 모두가 나에게 하고 싶으면 떠나라고 했다. 그 전에는 응원해주는 사람이 거의 없었는데……. 세계 일주를 해보지 않은 사람은 10명 중 아홉 명이 반대했지만 세계 일주 경험이 있는 사람은 10명 중 아홉 명이 찬성했다. 여행을 해본 사람들은 모두가 세계여행은 꼭 한 번 해볼 만한 가치가 있다고 했다. 모임에서 세계 일주 준비부터 갔다 온 후의 현실적인 계획까지 자세하게 들은 나는 그제야 무거운 마음의 짐을 내려놓을 수 있었다.

결국 나는 부모님께 세상을 가슴에 품고 오라는 말씀을 들으며 1년간 세계 일주를 떠났고 정말 후회 없이 잘 갔다 왔다고 생각한다. 사람은 사회적 동물이기에 타인에 의지하는 것은 당연하다. 그러나 본인의 인생까지 타인에게 의지하려고 하는 사람이 많다. 그리고 나도 모르게 타인의 삶을 살고 있다.

꿈을 이루기 위한 가장 빠른 지름길은 그 경험을 해본 사람들에게 직접 알아보는 것이다. 그리고 가장 경계해야 할 것은 경험해보지 않는 사람들의 조언이다.

예전에 나는 우유부단하게 굴다가 마지못해 "Yes"라고 말한 적이 셀 수 없이 많았다. 얼굴에 철판 깔고 세게 나오는 사람들에게 결코 이기지 못했다.

왜 내 생각을 솔직하게 표현하고 욕먹을 용기가 없었을까? 왜 아니다 싶으면 냉철하게 거절할 용기가 없었을까? 나와 맞지 않는 사람을 이해시킬 시간에 나를 응원해주는 사람들에게 에너지를 쏟는 것이 더욱 지혜로운 행동이다. 그래야 내 삶이 윤택해지고 마음의 여유가 생기지 않을까.

불만에도 엄지 척 👍

인도에서 배낭여행을 하던 때의 일이다.

네팔에서 인도로 국경을 건넜을 때 택시를 잡았는데 택시기사가 손님을 최대한 받아야 한다며 한 시간을 기다리게 했다. 그렇게 네 명이서 가는 도중 두 명을 더 받아 뒤에 네 명, 조수석에 한 명, 기어 조절하는 곳에 한 명, 운전자까지 해서 총 일곱 명이 좁은 차를 타고 갔다. 이 인도 택시기사가 돈에 환장했나 싶었고 양심, 자존심도 없는 사람이라는 생각이 들었다. 비포장도로에서 역주행은 기본이고 하필 내 옆자리에는 술 취한 현지 사람이 창밖으로 토하고……. 최악의 상황에서 세 시간을 차 안에 있었다.

그러나 불행히도 이것은 시작에 불과했다. 인도는 내가 상상하던 이미지와 너무나 달랐다. 그야말로 무법자의 나라, 야생 정글이었다. 길거리에는 소똥과 쓰레기가 판을 치고 흙먼지가 올라와 길은 온통 뿌옜다. 소와 차가 서로를 지그재그로 피하고 역주행하는 비포장도로는 나를 경악케 했다. 길거리 음식은 절대 먹을 엄두가 나지 않았다. 또한 어느 관광지를 가든 악착같이 호객꾼이 내 옆을 따라다녔고 장사꾼들은 물건을 살 때마다 말도 안 되는 가격을 불렀다. 유명 관광지에 있는 보안관조차 나에게 사기를 치려 하고 돈을 요구했다. 다들 고작 500원, 1,000원 더 받으려고 악착같이 밀어붙이며 사기 치려 하고 나는 사기에 당하기 싫어 눈에 불을 켜고 티격태격하는 상황이 계속 벌어졌다. 그럼에도 불과 일주일 사이에 열 번 넘게 사기를 당했다.

인도 여행에 대한 실망감을 감출 수 없었다. 하루빨리 인도에서 벗어나고 싶었고 앞으로 한 달 동안 어떻게 지낼까 분노와 걱정이 앞섰다. 그때 내 이야기를 들은 세계 여행자가 이렇게 말했다. 이 또한 왜 그 사람들이 사기를 칠 수밖에 없었고 각박하게 굴어야 했는지, 왜 이런 말도 안 되는 말을 하고 배 째는 행동을 하는지 생각해봐야 한다고 했다.

'아! 이게 여행이구나.'

힘들고 짜증나는 것도 여행의 일부이며 이러한 사건을 통해 오히려 더 많은 것을 배워야 하는 것이었다.

순간 나 자신이 부끄러웠다. 이렇게 될 수밖에 없었던 사회 배경과 문화는 전혀 이해하려 하지 않고 무작정 짜증만 냈다니……. 반성하게 되었다.

그 후로 나에게 많은 질문을 던졌다. 이렇게 빈부격차가 심한 이유는 뭘까? 열차는 왜 이렇게 연착이 길까? 왜 이렇게 악착 같이 관광객에게 사기를 칠까? 왜 생활폐수로 오염된 갠지스 강을 신성하게 생각할까? 등 인도라는 나라의 배경과 문화에 관심을 가졌다.

사기당해도 500원, 1,000원 차이인데 고작 그거 사기당하지 않으려고 장사꾼들과 티격태격하고, 욕하고, 하루 종일 불만으로 가득 찬 여행을 한 것 또한 반성했다. 분명 나를 위한 여행인데 그깟 자존심이 뭐라고 날카롭게 날을 세우고 다녔는지. 그냥 웃으면서 넘기면 될 것을.

배우려는 자세로 관점만 바꿨을 뿐인데 여행이 변하기 시작했다. 인도의 문화와 배경에 관심을 가지니 계속 호기심이 생겨나 불만을 가질 틈이 없었다. 인도는 하나하나 자세히 들여다볼 때마다 신비롭고 경이로운 나라였다. 또한 장사꾼들이 500원 더 받으려고 애쓰면 더 이상 실랑이하지 않고 그냥 '엄지 척' 하고 웃으면서 주었다. 그러니 상대방도 웃으며 엄지 척. 화기애애하게 마무리됐다. 이렇게 하루하루를 불만이 아닌 웃음으로 가득 채웠다.

이러한 마음가짐은 내 삶에도 똑같이 적용되었다. 기분 나쁜 일이 생겨도 호탕하게 웃을 수 있는 여유가 생겼고 갑작스러운 상황에도 예전보다 차분해지기 시작했다.

인도 여행을 통해 나는 불만 속에서도 배우려는 태도를 가지면 세상을 바라보는 관점이 달라짐을 깨달았다. 그리고 이 경험은 내가 100가지 버킷리스트에 긍정적으로 도전하는 원동력이 되었다.

많은 사람들이 배낭여행을 통해 자신이 성장했다고 한다. 그렇다면 왜 성장할 수 있는 것일까?

첫 세계여행을 떠났을 때의 일이다. 당시 나는 영어를 한마디도 못해 수화물을 찾지 못해서 몇 시간을 공항 안에서 헤맬 정도였다. 외국인 직원에게 수화물 찾는 곳이 어디인지 물어봐야 하는데 영어울렁증 때문에 수첩에 적힌 영어 문장을 보며 어떻게 말할지 30분가량 고민하면서 직원 주변을 서성거렸다.

결국 나는 다음 단계를 위해 '선택'을 해야 했다. 외국인 직원에게 수화물 찾는 곳이 어디냐고 용기 내서 물어보았다. 그가 하는 영어를 제대로 알아듣지는 못했지만 직원의 제스처를 보고 길을 찾아갈 수 있었고 영어 한마디 못하는 내가 외국인에게 말을 걸었다는 것에 스스로 굉장히 뿌듯해했던 기억이 난다.

이것이 여행지에서 한 내 첫 번째 능동적인 선택이었다. 이후로도 선택은 계속 나를 따라다녔다. 배낭여행이란 말 그대로 매 순간 선택의 연속이었다.

예전의 나는 어딜 가나 단체에 소속되어 있었고 그 단체의 흐름에 맞게 움직였다. 군 생활도 그냥 지시하는 대로 행동했다. 군대는 출퇴근, 심지어 식사시간까지 정해져 있었다. 그러나 배낭여행에서는 당장 오늘 아침, 점심, 저녁에는 무엇을 먹을지, 언제 숙소에서 나가고 무엇을 봐야 할지 하루 종일 스스로 판단하고 선택해야 했다. 이 과정 속에서 성취도 얻고 실패도 하며 많은 것을 몸소 배울 수 있었다.

이처럼 여행은 늘 수동적이던 나를 능동적이고 주체적인 사람으로 만들어주었다. 하지만 세계여행이든 국내여행이든 아니면 집에 있든 장소는 중요하지 않다. 핵심은 능동적인 선택을 할 수 있는가이다.

진정한 1류 여행자

'진정한 1류 여행자' 영상 보기

세계일주 초반에는 인터넷에 검색하면 나오는 유명한 관광지나 맛집을 찾으며 돌아다녔다. 하지만 그렇게 몇 개월째 여행을 하다 보니 어느샌가 귀차니즘이 생겨 밥을 거르거나 하루 종일 방콕하며 아무것도 하지 않는 날이 늘었다. 매너리즘에 빠지기 시작한 것이다.

그즈음 북인도 '레'에서 한 세계 여행자를 만났는데. 우리는 여행이라는 공통점으로 금방 친해져 속 깊은 이야기를 나누었다. 그러던 중 그가 여행에 관한 자신의 철학을 이야기해주었다. 그리곤 나에게 너는 여행에 목적이 있냐고 물어보았다. 나는 그냥 그 순간을 즐기면 되지 꼭 무언가를 해야 하냐고 대답을 했는데, 그 여행자가 재미있는 이야기를 해주었다.

그는 여행자를 1류, 2류, 3류 여행자로 구분할 수 있다고 했다. 먼저 3류 여행자는 그냥 먹고, 보고, 그 순간을 즐기는 사람이라고 했다. 나는 매 순간 여행지에서 행복하게 즐기는 것도 정말 쉽지 않음을 알기에 그 정도도 멋진 사람이라고 생각했다. 2류 여행자는 여행을 행복하게 즐기면서 그 순간을 사진, 영상, 글 등으로 꼼꼼하게 기록하고 사색하는 사람이라고 했다 그렇다면 1류 여행자는 무엇일까? 나는 1류 여행자의 이야기를 듣고 뒤통수를 망치로 얻어맞은 것 같은 충격을 받았다. 그가 말하길, 1류 여행자는 3류 여행자처럼 그 순간을 즐기고 2류 여행자처럼 기록을 하며 사색을 하는 사람이라고 했다. 그리고 더 나아가 이러한 경험을 본인의 현실적인 삶에 적용시킨다는 것이었다.

'아, 그렇구나!'

곰곰이 생각해보니 멋진 세계 여행자들을 100명 넘게 만났지만 여행하면서 얻은 멋진 경험을 자신의 삶에 적용하는 사람은 드물었다. 물론 여행을 하면서 무엇을 꼭 해야 할 의무는 없다. 그냥 즐기는 것만으로도 멋진 삶이다. 하지만 나는 세계 여행자가 말해준 1류 여행자처럼 내가 여행하며 느낀 것들을 내 삶에 적용하고 싶었다. 여행을 마치고 돌아온 후 자신의 경험을 활용해 새로운 삶을 살아가는 여행자들을 많이 봤기 때문이다.

여행자 전용 배낭을 만드는 사람, 여행 작가가 되어 강연을 하는 사람, 여행하며 보고 느낀 것을 그림으로 그려서 책 출판을 하는 예술가, 여행지에서 가이드나 숙박업을 하는 사람, 여행자들의 감성을 공략한 여행용 의류를 판매하는 사람······ 더 나아가 많은 사람들에게 선한 영향력을 미치기도 한다. 이들에게 여행은 단순히 돌아다니는 것이 아니라 자신의 삶에 실질적으로 큰 보탬이 되고 더 나아가 타인의 삶도 풍요롭게 해주는 것이다.

내 경우 좋아하는 것은 스포츠, 꿈은 동기부여 강연이었다. 그래서 여행을 하며 액티비티한 버킷리스트에 도전하기 시작했고 매일 일기를 쓰고 사진, 영상을 찍었다. 여행을 마치고 돌아왔을 때 여행에서 얻은 경험들을 내 삶에 적용하기 위해서였다. 이 글을 쓰는 지금도 아직 갈 길이 멀지만 동기부여 강연가가 되기 위해 작은 꿈을 하나씩 이루고 있다.

그러던 중 정말 중요한 사실을 하나 알았다. 세계 여행자가 말한 1류, 2류, 3류 분류법은 여행에만 국한된 것이 아니다. 사실 우리는 평범한 일상 속에서도 단순히 보고 듣고 즐기는 사람, 기록하고 사색하는 사람, 자신의 경험을 현실적인 삶에 적용하며 풍요롭게 사는 사람으로 나누어져 있는 것이 아닐까?

퍼스널 브랜딩에 성공한 사람들의 네 가지 공통점은 다음과 같다.

첫 번째. sns를 적극 활용해 사람들에게 자신의 가치 있는 경험을 공유한다.

두 번째. 자신이 잘할 수 있고 좋아하는 것을 한다. 자신의 강점을 잘 알고 있고 정말 해보고 싶었던 것을 하려 한다.

세 번째. 콘셉트가 독창적이고 뚜렷하다. 주로 sns를 활용하며 영상, 사진, 글 등을 통하여 자신의 콘셉트를 명확하게 정리한다.

네 번째. 이들은 우연한 계기로 유명해지거나 꿈을 성취한 것이 아니라 자신의 경험을 삶에 적용할 방법을 끊임없이 고민하고 연구해왔다.

나는 원래 여행을 하면서 유명한 관광지를 구경하고 맛집을 검색해 먹을 것을 먹기만 했다. 하지만 세계 여행자와 이야기를 한 후로는 여행 경험을 삶에 적용하려고 노력했다. 예를 들어 빵에 관심이 있다면 세계적으로 유명한 빵집들을 가보고 기록하는 것이다. 유명한 볼거리도 다 보되 남은 시간에 이태리에서는 어떤 빵을 만드는지, 몰디브에서는 어떤 빵이 가장 유명한지, 네팔에서는 어떤 전통방식으로 빵을 굽는지 등 자신의 관심 분야를 직접 보고, 느끼고, 촬영하는 것이다. 그러면 빵에 관심이 많은 사람들에게 좋은 정보를 제공해줄 수 있고 내 가치는 알아서 올라간다. 나중에 제빵회사 면접에 가도 면접관이 빵을 어떻게 만드느냐고 질문하면 학교에서 배운 이론을 말하는 것이 아니라 여행을 하면서 직접 본 '자신의 경험 이야기'를 하면 된다. "제가 대학교에서 이론상으로는 이렇게 배웠는데 실제 그 나라에 가보니 이렇게 하더라"라는 식으로 말하면 면접관에게 확실히 어필할 수 있을 것이다. 일상생활에서도 마찬가지다. 자신의 경험을 토대로 이야기를 하는 사람에게 더 진정성이 느껴지기 마련이다.

1도를 더해 100도씨의 끓는 열정으로

'1도를 더해 100도씨의 끓는 열정으로' 영상 보기

맨몸으로 바다 깊이 내려가는 스쿠버다이빙이라고?

물에 대한 트라우마를 이기고자 수상인명구조원이 되었지만 물에 대한 극한의 두려움에 도전하고픈 갈망은 여전했나 보다. 우연히 프리 다이버가 나온 광고 영상을 보고 가슴이 미친 듯이 뛴 나는 프리다이빙을 배우기로 결심했다.

프리다이빙이란 산소통 등 스킨스쿠버 장비 없이 호흡을 참은 상태로 바다 깊숙이 내려가는 익스트림 스포츠이다. 수영에 자신이 있었기에 처음 프리다이빙을 배울 때는 자만했었다. 기고만장한 상태에서 2일간 트레이닝을 받고 처음 바다에 들어갔을 때 10미터 이상은

거뜬히 내려갈 줄 알았는데, 충격적이게도 3미터도 내려가지 못했다. 내 교만함이 독이 된 것이다.

그 후로 정신 차리고 온 마음을 다해 프리다이빙에 집중했다. 매일 훈련을 하면서 내가 무엇이 부족한지, 어떻게 고쳐야 하는지 생각했고 수시로 눈을 감고 이미지 트레이닝을 했다. 이렇게 마음을 비우고 지금은 남들보다 못하지만 꾸준히 포기하지 않고 노력하면 훗날 좋을 결과가 있을 것이라고 스스로 주문을 외우니 일주일이 지나서야 5

미터를 넘어 10미터까지 내려갈 수 있었다. 그 뒤로도 새벽 여섯 시부터 명상과 호흡법 연습을 했고 하루에 숨을 1초씩 더 참으려 노력했다. 덕분에 나중에는 프리다이빙 대회까지 참여해 수심 45미터까지 내려갔고 숨을 4분 30초까지 참을 수 있었다.

물론 그 과정까지는 당연히 쉽지 않았다. 인간이 수심 40미터까지 내려가면 수압 때문에 폐가 4분의 1까지 압축된다. 이 상태에서 조금만 몸을 잘못 움직이면 폐 압착으로 폐가 손상되고 피가 역류해 피를 토할 수도 있다. 기도 압착도 있고, 아무것도 보이지 않는 깊은 바닷속에서 무언가 나올지도 모른다는 공포도 이겨내야 한다. 프리다이빙은 타인과의 경쟁이 아닌 완전한 나 자신과의 싸움이다.

언젠가 친구가 나에게 물었다.

"야, 직업이랑 관련도 없는데 도대체 프리다이빙을 왜 하는 거냐?"

"너 수심 45미터까지 내려가봤어? 안 가봤지? 만약에 네가 프리다이빙을 배워서 수심 45미터까지 내려가면 어떤 느낌일 것 같아?"

"숨 못 참아서 죽을 것 같은 느낌 아냐?"

"아니야. 실제로 내려가 보면 오히려 마음이 더 평온해. 우주 한가운데에 무중력으로 떠 있는 기분이야. 그런데 너는 이 사실을 모르잖아. 너도 언젠가 생각만 해도 가슴이 뛰는 꿈을 가질 테고 그 과정에서 반드시 한계에 부딪치는 날이 온다. 그때마다 제자리로 돌아간다면 평생 쳇바퀴 도는 다람쥐밖에 되지 않아. 하지만 단 한 번이라도 한계를 넘어보면 남들은 모르는, 너만이 알 수 있는 미지의 영역을 얻게 될 거야."

꿈에 도전하다 보면 포기하고 싶은 마음이 굴뚝같아지고 미치도록 괴로운 순간이 온다. 이때의 온도가 99도라고 생각한다. 이 힘든 순간을 넘지 못하면 물이 끓는, 즉 우리가 원하는 기적은 일어나지 않는다. 그러니 99도까지 끌어올린 열정을 한 줌의 재로 만들지 말자. 1도만 더 올라가면 물이 끓듯 내가 모르는 미지의 세계가 열릴 것이다.

내 삶의 방향

처음에는 물속에서 숨을 1분 30초밖에 못 참았지만 나중에는 4분 30초까지 참을 수 있게 되었다. 그리고 장비 없이 바다 수심 45미터까지 내려갔다.

숨 오래 참기 훈련을 하면서 흥미로운 사실을 알았다. 첫 번째, 숨 참기를 할 때는 마인드컨트롤이 정말 중요하다. 부정적인 생각을 하면 뇌에 강한 자극이 가 산소를 더욱 많이 소비한다고 한다. 그래서 늘 긍정적인 생각을 해야 한다.

그런데 긍정적인 생각을 하는 것보다도 더 좋은 방법이 있다! 바로 생각을 하지 않는 것, 무념무상의 단계에 이르는 것이다. 생각조차도

뇌가 산소를 소모하는 데 영향을 주기 때문에 생각을 비우는 것만큼 좋은 것은 없다고 했다. 그러나 이는 어떤 경지에 이르지 않는 이상 굉장히 어렵고, 나 또한 못한다.

두 번째, 몸에 자극이 강한 것은 가급적 안 하는 편이 좋다. 술, 담배는 최악의 선택이며 너무 맵고, 달고, 짠 음식은 몸에 자극이 많이 가 오래 호흡하는 데 방해가 된다고 한다. 이처럼 프리다이빙은 무중력 상태의 우주에 떠있는 기분 같은, 몸의 잔잔한 파동을 추구한다.

나는 이러한 훈련 과정 속에서 늘 좋은 생각, 건전한 식단을 추구했

으며 술, 담배나 자극적인 음식을 피하기 시작했고 명상을 일상 속에서 가까이하며 평온함을 유지하려고 노력했다. 이후에도 4년째 하루도 빠지지 않고 감사 일기를 쓰고 있으며 내가 좋아하는 노래를 수시로 듣고 술, 담배는 하지 않는다.

그리고 내가 어떻게 살아가야 할지 삶의 방향 또한 생각하게 되었다. 이전에 나는 행복하려면 늘 기분이 업 되어 있어야 한다고 생각했다. 그러나 프리다이빙 방법을 삶에 적용해보니 이것보다 더 좋은 방법이 있다는 생각이 들었다. 좋을 때나 슬플 때나 늘 평정심을 유지하고 정리되지 않은 잡념을 정리하고 비우는 연습을 하는 것, 비웠다면 그곳에 다시 좋은 생각을 채우고 이를 반복하는 것이었다. 실제로 내가 이러한 마인드를 가졌을 때 가장 오래 숨을 참을 수 있었다.

프리다이빙을 배훈 후로 나는 기쁠 때나 슬플 때나 내 마음에 동요 없이 호수의 잔잔한 물결 같기를 바랐고 태풍 같은 시련이 찾아와도 일희일비하지 않고 내 마음의 고요함을 추구하게 되었다. 또한 행복한 일이든 불행한 일이든 이 또한 지나가리라는 것을 늘 마음에 새기기로 했다.

나는 지금 이 순간의 행복을 느끼려고 한다. 글을 쓰는 이 순간에도 신선한 밤공기를 마실 수 있다는 것에 감사하고, 아름다운 밤하늘을 보고, 풀벌레 지저귀는 소리도 듣고, 책상 옆에 놓인 맛있는 사과를 먹으며 분위기 좋은 재즈를 듣는 것, 좋은 사람들과 커피 한 잔 즐길 여유가 있다는 것, 그리고 가치관이 맞는 좋은 사람들과 멋진 미래를 함께 고민한다는 것에 감사함을 느낀다.

　나는 이제야 내 삶의 방향에 대해 알아가기 시작했다. 그리고 앞으로는 잔잔한 물결 같이 평온한 사람이 되겠다고 다짐해본다.

가슴이 시키는 대로

세계여행을 하던 중 sns에서 우연히 세계 극지 마라톤(고비 사막 마라톤) 포스터를 보았다. 그 순간 가슴이 미칠 듯이 뛰기 시작했다. 예전부터 사막 같은 극한의 환경에 나를 던지고 싶다는 생각을 했는데, 때마침 기회가 내 눈앞에 나타난 것이다.

주체할 수 없이 뛰는 심장을 가라앉히고 사막 레이스에 대한 정보를 검색했다. 고비사막은 연평균 35도가 넘고 잘 때는 영하 10도까지 떨어져 일교차가 크고, 습하고 건조해서 편도가 붓고 코피도 자주 난다고 한다. 그런 곳을 7일 치 식량 22끼 분과 침낭, 나침반, 비상약과 붕대 등이 들어있는 배낭(13킬로그램짜리)을 메고 총 7일간, 250킬로미터를 달려야 했다. 감이 잡히지 않아 현실적으로 상상을 해보았다. 해변을 걸으면 모래에 발이 푹푹 빠진다. 그런데 그런 곳을 뛰어야 한다면 체력 소모가 얼마나 심할까? 발가락도 남아나지 않을 것이다. 이게 끝이 아니다. 13킬로그램짜리 배낭도 메야 하고 온도도 높으니 40도 사우나에서 뛴다고 생각해야 한다. 이 조건에서 250킬로미터를 가야 한다. 250킬로미터면 부산에서 대전까지의 거리 정도이다. 이 거리를 7일 만에 뛰어야 한다.

또 하나의 문제는 참가비가 450만 원이라는 것이었다.

'비행기 값, 장비 값, 숙식비를 제외하고도 참가비만 450만 원이라니……! 아니, 왜 이렇게 비싼 거야?'

순간 깊은 한숨이 나왔다. 보통 마라톤은 참가비가 몇만 원밖에 하지 않는데…… 20대인 나에게 450만 원은 쉽지 않은 금액이었다. 게다가 왕복 항공권에 대회에 쓸 장비 비용까지 합하면 150만 원이 더 들어 총 600만 원을 써야 하는 상황이었다.

그래서 이 대회를 나간다고 하니 단 한 명도 이해해주는 사람이 없었다. 누가 600만 원을 내면서 7일 동안 250킬로미터나 되는 사막을 뛸 것인가? 20대가 매달 들어가는 생활비를 제외하고 600만 원을 모으려면 정말 힘든 일이라는 것을 다들 알고 있을 것이다. 모두의 반대는 당연한 것이었다.

친구가 정말 이해할 수 없다는 표정으로 나에게 물었다.

"이걸 도대체 왜 하는 건데? 사막 레이스에 지원한 이유가 뭐야?"

나는 진지하게 대답했다.

"내가 우연히 사막 레이스 포스터를 봤는데 가슴이 미칠 듯이 뛰더라. 그런데 너무 걱정되고 두렵더라. 내가 250킬로미터를 어떻게 뛰지? 그것도 사막을? 두려움을 느낀 순간, 그게 이 도전을 무조건 해야 하는 이유가 됐다"라고 말이다.

친구가 피식 웃으며 무슨 이유가 그렇느냐고 물어보았다.

"예전에 나는 무언가를 하기 전에 늘 머리로만 계산해왔다. 이성적으로만 생각하다 보니 도전을 하기 전에 나한테 득이 되는지 안 되는지 이유를 먼저 생각하게 되더라. 그리고 하고 싶은 것이 있어도 다가오지도 않은 장애물을 미리 따지게 되더라. 일 때문에, 시간이 없다는 핑계로 시도조차 하지 않더라. 실제로 내 눈앞에 장애물은 존재하지 않는데도 그걸 믿는 순간 진실이 되더라.

그렇게 나는 가슴이 뛰지 않는 삶을 살았다. 그러나 지금은 머리가 아닌 가슴이 시키는 대로 행동하고 있다. 그러니 있지도 않은 장애물을 따지지 않고 일단 하게 되었다. 가슴이 시키는 대로 하니 오히려 더 다양한 선택과 기회가 찾아온 것이다.

너는 지금 머리로 움직이니, 가슴으로 움직이니? 만약 머리로만 움직인다면 한 번쯤은 가슴이 시키는 대로 움직여봐. 그럼 너에게 또 다른 세계가 펼쳐질 거야."

나는 혼자서 영화 보기를 즐긴다. 영화는 시야를 넓혀주고 풍부한 감정을 알려주며 인생을 살아가는 데 필요한 메시지를 간접적으로 알려준다.

내가 영화 매니아라는 것을 안 지인들은 나에게 꼭 이렇게 말한다.

"영화 추천 좀 해줘!"

그러면 나는 항상 이 영화를 추천한다. 바로 〈세 얼간이〉!

〈세 얼간이〉는 인도영화 중 역대급으로 흥행한 작품으로 공대생 친구 세 명이 주변 환경에 굴하지 않고 자신의 꿈을 찾아가는 코믹 드라마이다.

이 영화를 처음 본 스물한 살의 나는 가슴이 미칠 듯이 요동쳤다.

내용은 가물가물하지만 10년이 지난 지금도 내 가슴에 강렬하게 새겨진 메시지가 있다.

"사람들 대부분은 성공하려고 돈을 좇는다. 그러나 열정을 가지고 좋아하는 것을 하다 보면 돈이 스스로 나를 따라온다."

물론 돈은 중요하다. 하지만 모든 성공의 기준은 아니다. 내가 무엇을 행복이라고 정의하는가에 따라 성공의 기준은 달라진다. 물질적으로 성공하겠다는 욕심을 내려놓으면 내가 좋아하는 것에 집중할 수 있다. 좋아하는 것에 최선을 다하고 타인에게 도움이 되는 순간, 돈은 자연스럽게 나를 따라온다. 그러니 우리는 돈을 좇을 것이 아니라 궁극적인 삶의 목표를 좇아야 한다.

좋아하는 것을 정말 하고 싶은데 외부 환경 때문에 망설이고 있다면 〈세 얼간이〉, 추천한다!

나만의 속도로 나아가다

'나만의 속도로 나아가다' 영상 보기

250킬로미터를 달리는 사막 마라톤 대망의 1일 차. 33개국, 107명의 선수들이 오리엔테이션 장소에 모였다. 같은 목표를 가지고 있어서인지 함께 만난 선수들과 말은 제대로 통하지 않아도 빠르게 친해질 수 있었다.

출발 30분 전. 다 같이 화기애애하게 사진도 찍고 웃기도 한다. 출발 5분 전, 다들 눈빛이 변하면서 묘한 기류가 흐른다. "3, 2, 1……" 소리가 들리고 출발 함성이 들린 순간 다들 엄청난 속도로 뛰기 시작했다. 다들 뭐 이렇게 빠르지 하면서 나도 그들 뒤를 따라 뛰기 시작했다.

13킬로그램 무게의 배낭은 꽉 조여도 왜 이렇게 출렁거리는지. 안이하게 대회 준비를 한 것을 반성하게 만들었다. 그렇게 45킬로미터쯤 달려서 1일 차 레이스를 마무리했다.

그리고 2일 차. 전날과 똑같이 다른 참가자들 페이스에 맞춰서 뛰었더니 조금씩 몸에 피로가 누적됨을 느꼈다. 곧 내가 무리하고 있음을 인지했지만 내 왼쪽 무릎은 이미 부어오르기 시작했다.

3일 차부터는 조금씩 두려워지기 시작했다. 남은 4일을 어떻게 뛰어야 할지 걱정이 앞섰다. 왼쪽 무릎 통증을 참으며 3일 차 레이스를 마무리했다. 다리도 붓고 어깨도 쓸려서 붓기 시작했다.

4일 차. 문제가 터지고 말았다. 아침에 일어나려는데 침낭에서 일어나질 못했다. 그 순간 내 레이스는 끝이라고 생각했다. 간신히 왼쪽 무릎을 움켜잡고 출발선에 섰고 이제는 걸을 수밖에 없었다. 결국 나는 '스위퍼'라고 하는 스태프들과 동행했다. 고비사막 레이스는 길을 잃는 사람이 많아 20미터 지점마다 분홍색 깃발로 길을 표시해두는데, 이것을 방치하면 환경적으로 문제가 되니 스위퍼라는 스태프들이 참가자들을 따라가면서 깃발을 회수한다. 즉, 내가 꼴등으로 달리고 있었다는 말이다.

나는 사막을 걸으며 백사장 위의 한 마리 개미가 된 듯 광활한 사막에 매혹됐다. 자연의 경이로움에 온몸에 전율이 느껴졌다. 이렇게 멋진 대자연을 눈앞에 두고도 3일 동안 제대로 보지 못하고 있었음에 놀랐다. 부상을 고려한 나만의 속도로 가니 그제야 대자연의 위대함

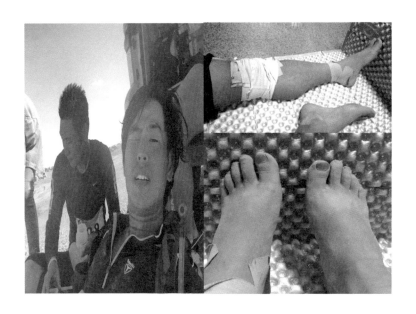

을 느낄 수 있었다. 처음으로 레이스에 출전하길 잘했다는 생각이 들었다.

그동안 나는 어떻게 해야 골에 빨리 들어갈 수 있을까만 고민했다. 어차피 입상도 할 수도 없는 실력인데 무엇 때문에 그렇게 달린 것일까? 곰곰이 생각해보니 이렇게 무리하며 치열하게 뛸 이유가 있나 싶었다. 그냥 나만의 페이스로 최선을 다하면 되는데 왜 주변 선수들의 눈치를 보며 뛰었을까.

우리는 사는 동안 늘 과열된 경쟁 속에 있었기에 조금이라도 뒤처지면 인생의 낙오자로 찍힐 것 같아 도태되지 않으려 치열하게 삶을 살아왔다. 나 또한 성공하려면 한시도 쉬지 않고 무언가를 해야 한다는 강박 관념이 있었던 것 같다.

사막을 걸으며 지난날을 돌이켜보니 내가 참 어리석게 살아왔구나 하는 생각이 들었다. 분명히 내 인생에도 나만의 페이스가 있는데 왜 그렇게 남들이 하는 것을 좇아가며 살았을까? 왜 그렇게 경쟁 속에서 나를 채찍질하며 살았을까?

나만의 속도로 나아가면 보이지 않던 것들이 보인다는 사실을 알았다. 앞으로는 속도가 아닌 방향에 집중하는 사람이 되고 싶다.

쓸모없는 경험은 하나도 없다

고비사막 마라톤 4일 차. 45킬로미터를 움직였다. 부상 때문에 처음부터 끝까지 걸어야 했다. 절뚝거리며 45도가 넘는 사막을 걸으려니 뜨거운 열기에 미칠 것 같았고 마음도 답답해서 미칠 것 같았다. 무려 아홉 시간 걸려 107명 중 107명, 꼴등으로 들어갔을 때의 속상함과 답답함, 자존심 상함이란…… 이루 말할 수 없었다. 아직도 이날 밤에 고민하던 기억이 머릿속에 떠오른다.

'내일은 80킬로미터를 가야 하는데 이 다리로 가능할까? 뛰었다가 불구가 되는 건 아닐까? 오늘도 침 흘리며 겨우 도착했는데 두 배나 되는 거리를 갈 수 있을까? 하…… 진짜 미치겠네. 어떻게 하지……'

거센 모래폭풍이 텐트를 휘감는 소리에 잠이 오지 않았다는 말은 변명이고, 이대로 포기할까 말까라는 큰 고민에 빠져 잠을 이룰 수 없었다. 일단 여기까지 오는 데 600만 원이라는 큰 금액을 사용했고 절대 포기를 모르는 성격이지만 육체적으로 걷기가 힘드니 정신력으로 버텨 40킬로미터까지는 기어서 간다고 해도 가야 하는 길이 80킬로미터라 중간에 한계가 올 수밖에 없는 상황이었다. 밤하늘의 수많은 별들은 화려하게 반짝이는데 마음 편한 여행자로서 별구경을 했다면 얼마나 좋았을까 생각했다.

그래도 스스로 다독이며 나에게 말했다. 나는 혼자가 아니다. 혼자 뛰는 게 아니다. 네팔 아이들, 부모님, 후원해주신 분들, 지인들까지. 나를 응원하는 사람들이 많다. 일단 내 힘이 다할 때까지 포기는 하지 말자.

그렇게 다음날 시작한 마의 롱데이. 많은 선수들이 45도가 넘는 사막의 온도에 적응하지 못한 채 탈수 증세를 일으켰고 바위 그늘에서 나아가지 못하고 있었다. 의외로 잘 뛰던 사람들이 대부분 탈수 증세를 보였다.

나는 계획대로 꼴등으로 출발했다. 얼굴에는 뜨겁게 열이 오르는데 땀은 흐르지 않고 일사병 증세처럼 끈적거리기만 한다. 5일째 배낭을 메다 보니 어깨는 부어올랐고 숨을 쉴 때마다 뜨거운 공기가 입에 닿아 입술이 바짝바짝 말랐다. 장비 배낭 때문에 걸음걸이가 질척거리는데다 발등이 부어올랐고 무릎에는 통증이, 발바닥은 까졌다.

포기하고 싶었다. 그리고 도착하면 빨리 샤워하고 싶었다.

　그런데 그 순간, 이 느낌이 낯설지 않는다는 생각이 들었다. 군대에서 폭염 속에서 군장을 메고 행군할 때의 느낌이었다. 아스팔트에 아지랑이가 모락모락 올라오는, 숨이 턱 하고 막힐 듯한 지금 같은 더위. 방탄모 안 받침대는 땀에 다 젖어 연두색이 짙은 녹색이 되어있었고 30킬로그램에 육박하는 군장 때문에 가슴이 펴지지 않아 숨쉬기도 힘들었다. K2는 길가 논밭 진흙에 묻어버리고 싶었고 발바닥은 전부 다 쓸려서 500원짜리 크기 물집이 곳곳에 생겼는데 오히려 쉬지 않고 걸어야 통증에 익숙해져서 덜 아플 정도였다. 틈만 나면 욕하고 내가 뭐 하고 있는 건가 하며 신세 한탄하던 행군. 매 순간 포기하고 싶었고 온몸이 아팠지만 기어코 완주했던 행군. 내 몸이 행군 때의 느낌을 기억하고 있었다. 나에게는 너무나 익숙하지만 다른 선수들에게는 낯선 느낌. 그렇다면 해볼 만하겠다는 생각이 들었다!

　참 아이러니하다. 그토록 싫어하고 이해하지 못하고 불필요하다고 생각한 작은 경험이 2년 후 생각지도 못한 곳에서 도움이 됐다니. 이때 처음 깨달았다. 내 인생에서 쓸모없는 경험은 하나도 없구나!

　처음 중국에 가서 영어가 통하지 않아 답답했던 일, 환승 편 비행기를 놓칠 뻔한 일, 비행기는 간신히 탔지만 결국 기차를 놓치는 바람에 다음 기차를 타야 했던 일, 중국 마을 사람들과 친구가 되어 하미 전통 양꼬치를 먹은 것, 40개 국적의 외국인들과 이제는 눈빛으로 말

할 수 있는 친구가 된 것, 일주일 동안 씻지도 못하고 다 함께 텐트 안에서 동고동락한 나날들, 숨이 턱 막힐 정도로 멋진 고비사막과 초원을 보고 또 그곳을 달렸다는 것, 250킬로미터를 떠돌이 강아지 '고비'와 함께 뛴 일, 중국의 각종 음식을 먹어본 것, 버스에서 '강남스타일'이 나와 외국 친구들의 환호를 받으며 나 혼자 춤추던 기억, 사랑하는 우리 한국 팀과 속 깊은 대화를 나누었던 일 등…… 이런 작고 사소한 경험들까지도 훗날 성공적인 미래를 위한 자양분이 될 것이다.

언제 또 중국의 광활한 고비사막을 뛰어볼 수 있을까? 언제 눈빛만으로도 통하는 외국인 친구들을 사귀어볼 수 있을까? 언제 식량과 침낭을 메고 7일간 뛰어볼 기회가 있을까?

누구나 더 나은 사람이 되고 싶어 좋은 경험을 갈구한다. 그러나 좋든 좋지 않든 모든 경험은 돈으로 환산할 수 없는 가치를 지니고 있다. 이 세상에 쓸모없는 경험은 하나도 없다.

함께 흘린 눈물

'함께 흘린 눈물' 영상 보기

군 생활 때 한 행군이 나에게 이렇게 도움이 될 줄은 생각도 하지 못했다. 어느새 나는 기적처럼 한 사람, 한 사람 앞서가기 시작했다. 약의 힘을 조금 빌리기는 했다. 하루에 두세 알만 먹으라고 했는데 통증이 있을 때마다 먹다 보니 두 시간에 한 알씩 진통제를 먹고 있었다.

그렇게 75킬로미터를 달렸다. 마지막 5킬로미터가 남아있었다. 갑자기 땅이 기울기 시작했다. 눈앞에 마지막 CP(휴식처)가 보이는 순간, 잠깐 눈을 깜박였다 떠보니 내 몸이 어느새 쓰러져있었다. 분명 CP를 보며 뛰었는데 언제 쓰러졌는지 기억이 나지 않았다. 몸을 일으키니 눈앞에 보랏빛이 보이면서 구토할 것처럼 머리가 어지러웠다. 50도에 육박하는 사막 한가운데. 내 얼굴은 그을려 있었고 마른 입술은 갈라져 피가 흘렀다. 순간 오른쪽 발이 따가워 신발과 양말을 벗어보니 발톱 네 개가 빠져있었다. 하지만 놀라거나 고통스러워할 힘조차 없었다. 그냥 어떻게든 빨리 완주해서 쉬고 싶다는 생각뿐이었다. 일단 일어나려는데 왼쪽 무릎이 붕대 사이로 살이 삐져나올 만큼 부어있었다. 일어 날 수가 없었다. 솔직히 말하면 일어나기 무섭기도 했다.

이대로 끝인가 하는 생각에 마지막 고지를 눈앞에 두고 주저앉아 있는데 멀리서 내 모습을 지켜보던 스태프들이 달려왔다. 스태프들은 눈이 반쯤 풀린 내 몰골과 발톱 빠진 발, 그리고 부어오를 대로 부어오른 왼쪽 무릎을 보면서 어쩔 줄 몰라 발을 동동 구르고 있었다. 오리엔테이션 때부터 함께 밥 먹고 장난치며 놀던 사람들이었고 지금까지 내가 어떻게 달려왔는지 다 봤기 때문에 진심으로 가슴 아파하는 것이 표정에서 보였다. 그리고 내가 얼마나 힘든지 알기에 차마 힘내라는 말도 못하고 말없이 나를 지켜보고 있었다.

일어설 수는 없고, 순간 눈물이 나는데 눈물 흘리는 모습을 보이고 싶지 않아 손으로 눈을 가렸다. 그때 한 스태프가 내 눈물을 가려주려는듯 내 머리 위에 물을 뿌려주었다. 더 이상 참을 수 없어 눈물을 펑펑 흘렸다. 고맙다고 스태프들을 쳐다보니 선글라스를 끼고 있지만 눈시울이 붉어져있음을 알 수 있었다. 그들은 나를 보며 말없이 눈물을 흘리고 있었다.

'이쯤에서 포기할까?'

짧은 시간 동안 수 백 번 고민했지만 그동안 나를 챙겨주던 스태프들이 나와 함께 눈물을 흘려주는 모습을 보니 다음날 다리가 부러지더라도 남은 5킬로미터를 완주해야겠다고 결심했다.

마침 비상용 진통제 세 알이 주머니 속에 더 있었다. 남은 5킬로미터를 위해 세 알을 한 번에 삼키고 기적적으로 스태프들의 부축을 받으며 다시 일어났다. 그리고 쩔뚝쩔뚝 왼쪽 무릎을 질질 끌며 뛰었다. 한 발짝 내딛는데 수백 개의 바늘이 발톱을 찌르는 것 같았다. 왼쪽 무릎은 더 이상 땅을 딛기조차 힘들어 질질 끌 수밖에 없었고 빠진 발톱에 신발 가죽이 계속 쓸리며 미칠 듯한 통증이 느껴졌다. 결국 더 이상 갈 수 없을 것 같아 멈추었다.

몇 분 동안 '포기하고 차를 탈까, 이건 너무 심하다'고 생각한 순간 내 뒤에서 스태프들이 있는 힘껏 외쳤다. "Jay 파이팅!"이라고.

"Don't give up, never stop. Jay, go!"

눈물을 흘리며 목청껏 외쳐주었다. 이제 나는 무슨 일이 있어도 완주를 해야 했다. 스태프들이 있는 곳을 돌아보면 펑펑 울면서 마음이 약해질까 봐 일부러 못 들은척하며 다시 나아갔다. 주체할 수 없는 눈물을 흘리며 한 발씩 나아갔다.

2킬로미터가 남았을 때 눈앞에 사람들이 꽤 많이 보였다. 이제 정말 다 왔구나, 끝이다 하고 기뻐서 달려가 보니 사람이 아니었다.

'무슨 일이지?'

자세히 보니 사람이 아니고 바위였다. 진통제를 많이 먹고 45도가 넘는 곳에서 그렇게 뛰었으니 제정신이 아니었던 것이다.

'정신 차려야지.'

이러다 정말 위험해지겠다 싶어 정신을 가다듬고 다시 뛰다 보니 앞에 사람들이 또 보였다.

'드디어 완주했구나!'

기쁜 마음으로 더욱 속도를 냈는데 도착해보니 또 사람이 아니었다. 머리로는 분명히 바위임을 알겠는데 왜 눈에는 계속 사람 형상이 보일까. 문득 '죽음'이라는 단어가 떠올랐다.

하지만 이제 2킬로미터도 남지 않았음을 알고 있었고 끝까지 포기하지 말고 나아가라는 스태프들의 목소리가 귓가에 맴돌았기 때문에 있는 힘을 다해 뛰었다. 다행히 저 멀리 보이던 2016 고비사막 피니시 라인은 환각이 아니었다. 그렇게 250킬로미터 고비사막 완주에 성공했다.

대회 매니저가 다가오더니 전날에 부상으로 45킬로미터 구간에서 꼴등으로 들어왔는데 오늘은 어떻게 된 일이냐며 놀라워했다. 무슨 말이냐고 물어보니 "너 19등으로 들어왔어! 정말 믿을 수 없는 일이야!"라고 말했다.

아! 내가 비록 꼴등으로 절룩거리며 출발했지만 남들보다 덜 쉬고 폭염을 견디며 달린 덕분에 어느새 한 명 한 명 따라잡아 19등이라는 결과를 냈구나. 내 한계를 내가 이겨냈구나!

나는 전날 밤 107명의 세계권 선수 중 107등을 하고 포기하려던 사람에서 19등까지 올라가 최종 완주를 해냈다. 하지만 만약 나와 함께 울어준 스태프가 없었다면 절대 완주하지 못했을 것이다. 이렇게 함께 눈물을 흘려줄, 내 꿈을 진심으로 응원해주는 사람이 많기에 나는 앞으로도 어떠한 역경이 닥쳐와도 이겨 낼 수 있다.

과도한 겸손은 독이 된다.

우리는 성인이 되면 선배를 시작으로 수많은 어른을 만나 이야기를 하게 된다. 특히 사회초년생으로서 윗사람에게 대하는 법 등 위계질서에 대해 귀 따갑게 듣고 배우는데, 그 과정에서 종종 안 좋은 습관이 생기곤 한다. 예를 들어 자신을 깎아내리는 말을 많이 한다. '제가 부족해서', '아직 어려서', '실수가 많아서' 등 자신을 과하게 낮추면 내 가치 또한 빛을 잃는다. 그리고 누군가가 나를 칭찬하면 "아닙니다, 운이 좋았습니다"라는 말부터 자동으로 나온다. 열심히 노력했는데 왜 운으로 취급하고 왜 아니라고 말하는가?

이럴 때는 "제가 이것을 한다고 정말 열심히 노력했는데 칭찬해주셔서 감사합니다"와 같이 자신의 노력을 숨기지 말자. 스스로를 채찍질하는 습관을 버리자. 그저 자신을 조금 낮추는 것이라고 생각할 수도 있지만 생각이 몸을 지배해 역효과를 가져오기도 한다. 마땅히 칭찬받아야 할 일조차도 습관적으로 아니라고 말하다 보면 무의식적으로 자존감이 떨어질 것이다. 그러니 이제는 칭찬을 받으면 당당하게 칭찬해줘서 감사하다고 진심을 담아 말하자.

내가 지금까지 연애를 하면서 느낀 점에 대해 써보려고 한다. 여자는 자신을 믿고 맡길 수 있는 남자를 선호한다. 하지만 나는 관심 있는 여자에게 무작정 잘해주고 내 모든 것을 바치는 것이 정답인 줄 알았던 착한 남자였다. 착한 남자는 상대방에게 과하게 맞춰주려고 한다. 그 과정에서 이성에게 이리저리 끌려다닐 수밖에 없기 때문에 시간이 지나면 매력이 떨어져 보인다.

여자는 자기 일에 열정적이고 성실한 사람을 선호한다. 그러니 자기 일을 소홀히 하고 여자에게 과하게 투자하고 집착하는 남자를 어떻게 볼까? 내 갈 길을 알고 주관이 뚜렷하며 목표가 있는 남자에게는 여자가 먼저 다가오게 되어 있다. 늘 서툴고, 성급하게 고백하고, 착한 남자의 짝사랑이라며 매일 카톡을 보내며 좋아한다고 표현하는 것은 여자가 질릴 수밖에 없는 상황을 만드는 것이다.

나는 커플들이 연애를 바둑 두듯이 하면 좋겠다. 내가 한 수를 두면 상대방도 한 수를 둘 때까지 기다려주는 것이다. 상대방이 수를 두지도 않았는데 내가 두 수, 세 수를 먼저 두면 룰이 지켜지겠는가? 사람들은 이를 흔히 '밀당'이라고 부른다. 하지만 단순히 튕기거나 연락하지 않는 것은 밀당이 아니다. 진정한 밀당은 각자 서로를 존중해주고 기다려주는 것이다. 내 주관을 포기하고 해야 할 일을 미루는 일방적인 구애는 오래 갈 수 없다. 서로가 각자의 꿈을 향해 달려가면서 여가시간에 함께 건전한 시간을 보내는 것, 이것이야말로 연인들이 추구해야 할 가장 이상적인 커플이 아닐까.

이는 여자에게도 똑같이 해당되는 이야기이다. 주관이 뚜렷하고 당당한 남녀가 왜 매력적인지 생각해봐야 한다. 또 이는 우리의 삶에도 똑같이 적용된다. 자기 소신이 없고 여기저기 휘둘리기만 한다면 자신만의 색이 없어져 타인의 눈에 매력 없는 사람으로 비칠 수 있다. 그러므로 매력 있는 사람이 되려면 자신만의 주관이 있는, 주체적인 삶을 살아야 한다.

나는 대학 생활을 시작하면서 인간관계의 중요성을 알게 되었고 인맥 형성에 많은 노력을 기울였다. 그러나 당시의 나는 인맥의 숫자에만 관심을 가지고 인맥을 가지려 하는 이유와 방향이 없는 결과 중심적인 행동을 했다. 예를 들어 sns를 할 때 진심 어린 댓글 하나보다는 좋아요 숫자에 더 신경을 썼다. 그때 내가 중심을 잘 잡고 있는 멋진 사람이었다면 알아서 사람들이 나에게 다가오지 않았을까?

인맥을 쌓기 전에 '나다움'을 먼저 쌓으면 내 매력이 빛을 발한다. 그러면 나를 필요로 하고 나라는 사람 자체에 관심이 있는 사람들이 내게 올 것이므로 나를 필요로 하는 사람들을 정확하게 알 수 있다. 또한 인맥 쌓기에 들어가던 에너지를 내가 성장하는 데 집중해서 사용할 수 있다. 그러면 더 좋은 사람들이 더 많이, 더 빠르게 나에게 오지 않을까.

사람은 누구를 만나느냐에 따라 삶이 변한다고 한다. 나는 나에게 이익이 되는 사람을 내 옆에 둬야 한다고 생각한다. 여기서 말하는 이익이란 물질적인 면도 있지만 무엇보다 내면을 의미하는 것이다. 지금까지 내 글을 읽은 분들은 다들 알고 있을 것이다.

내면의 이익은 행복, 긍정, 동기부여, 성장, 극복, 자존감, 용기, 성취, 힐링 등 딱 들었을 때 느낌이 좋은 것이다. 우울, 불안, 스트레스 같은 단어를 좋게 보는 사람은 없을 테니 말이다.

즉 옆에 있으면 행복하고 힐링이 되는 사람이 곧 이익을 주는 사람이라고 할 수 있겠다. 긍정적인 에너지를 주고, 목표를 성취할 수 있게 하고, 나를 성장시키고, 내 자존감을 끌어올려 주고, 용기를 주는 사람. 대략 이렇게 말할 수 있을 것이다.

이러한 긍정적인 단어에 모두 포함되는 사람은 결과보다는 노력과 과정에 우선순위를 두는 사람이다. 노력과 과정에 우선순위를 두는 사람들은 결과에 집착하지 않는다. 이들은 하루하루 최선을 다하려고 하며 결과에 상관없이 열심히 노력한 자신을 스스로 칭찬한다. 그렇기 때문에 많은 실패에도 쉽게 좌절하지 않고 겸허히 배우려는 자세를 가지고 있고 언제든 다시 일어날 수 있는 용기도 가지고 있다. 또 이러한 사람들은 어떤 일을 할 때 대부분 좋은 결과를 낸다.

그렇다면 이런 사람을 왜 내 옆에 두어야 할까? 이러한 유형의 사람은 내가 어떤 일에 도전할 때 결과와 상관없이 도전을 비판, 부정적으로 생각하지 않으며 노력한 과정을 인정해주고 격려해준다. 또 그 과정을 존중하고 공감해주려 하며 더 나아가 적극적으로 조언과 지원을 아끼지 않는다. 이러한 사람이 내 옆에 많을수록 내 삶은 윤택해지고 엄청난 시너지를 낼 수 있다.

결과보다는 과정에 대해 칭찬, 격려, 존중해주는 사람들이 많은 나는 하루하루가 정말 행복하다. 나는 진정한 마음 부자다!

희망의 마중물

'희망의 마중물' 영상 보기

　이 글은 네팔 고아원에 크라우드 펀딩으로 250만 원을 기부하기 위해 쓴 글이다.

네팔에 위치한 '소망의 집'이라는 고아원 한편에는 작은 펌프가 하나 있습니다. 이곳에서 저는 펌프라는 것을 처음으로 사용하면서 흥미로운 점 한 가지를 발견했습니다. 날씨가 더우면 종종 펌프의 물이 마를 때가 있습니다. 말라버린 펌프에서 물을 길을 수 있는 방법이 과연 무엇일지 궁금하지 않으세요?
그 방법은 바로 펌프질을 하기 전에 아주 적은 양의 물 한 바가지를 펌프에 붓는 것입니다. 그 후 펌프 손잡이를 위아래로 움직이면 그제야 비로소 물이 벌컥벌컥 하며 끊임없이 쏟아져 나옵니다. 펌프에서 물을 끊임없이 샘솟게 하는 첫 물 한 바가지. 이를 순 우리말로는 '마중물'이라고 합니다. 약 400명의 아이들의 하루를 시작하게 해주는 마르지 않는 펌프, 그 시작이 바로 한 바가지의 물에 있었던 것입니다. 매우 적은 양의 물이지만 이 마중물이 없으면 펌프에 물이 제대로 차오르지 않습니다.

여러분, 여러분이 우리 소망이들의 마중물이 될 수 있습니다. 소망이들의 꿈과 희망이 마르지 않고 샘솟을 수 있도록 그 길을 터주는 첫 물 한 바가지는 바로 여러분의 작은 손길입니다. 희망의 마중물이 되어 소망이들이 마음의 펌프를 사랑으로 가득 채우고 무럭무럭 자라 날 수 있게 해주세요!

저는 2016년 2월 23일에 세계 일주를 시작하여 두 번째 여행지인 네팔 남쪽에 있는 치트완, 서 우라하에 위치한 '소망의 집'에서 3월 18일부터 3월 29일까지 2주 동안 봉사활동을 했습니다. 지금으로부터 22년 전 이해덕 목사님, 조현경 사모님께서는 아무것도 없는 황무지에 무일푼으로 오셔서 영화 같은 기적의 기적을 거듭하며 현재 400명이 넘는 아이들이 자라는 '소망의 집'을 만드셨습니다.

이곳에서의 시간은 제가 아이들에게 무언가를 주기보다 오히려 아이들로부터 더 많은 것을 받고 배우게 된 값진 시간이었습니다. 무엇보다도 저 자신을 스스로 돌아보고 반성하게 된 소중한 계기가 되었습니다.

고아원이라고 하면 어딘가 우울한 분위기가 감돌 것이라 생각했었고, 고아원에 있는 아이들은 늘 힘도 없고 불행하기만 하진 않을까 생각했던 저였기에 처음 이곳에 도착했을 때 다소 긴장할 수밖에 없었습니다.

그러나 저의 이런 편견 어린 생각은 소망의 집에 도착한 첫날 180도 바뀌었습니다. 환한 웃음을 머금고 저를 반겨준 아이들은 저에게 큰 웃음을 선물해주었고 먼저 다가와 네팔 이름도 지어주었습니다. 아이들은 저를 '수바스 다이(좋은 향기 나는 형 또는 오빠)'라고 불러 주었고 저 또한 사랑을 담아 아이들의 이름을 불러주며 웃음이 끊이지 않는 시간을 보냈습니다. 아이들이 작은 손으로 제 손을 꼭 잡아주던 순간, 나를 진심으로 대해주는구나 싶었습니다. 지금도 잊지 못할 감동의 순간이었습니다.

제가 본 소망이들은 대한민국의 아이들보다 훨씬 더 행복해 보였습니다. 매일 음악 활동과 운동을 해 육체적·정신적으로 정말 건강했습니다. 모두 운동신경이 굉장히 좋았고 노래도 잘 부르고 악기도 잘 다루는 만능 재주꾼들이었습니다. 한 번은 소망의 집에서 작은 공사를 했는데 아이들이 얼마나 작업을 잘하는지 군 시절 저와 함께 한 병사들 못지않아 깜짝 놀라기도 했습니다.

소망이들과 학업 성적에만 매달리는 과도한 경쟁 때문에 삶의 목적이나 방향을 고민할 기회도 없이 밤늦게까지 학원과 독서실을 전전하는 우리나라 아이들을 비교해보니 마음이 아팠습니다. 환경의 차이 때문인지 소망이들은 우리나라 아이들과 사고방식 또한 많이 달랐습니다. 아침 식사 시간을 예로 들자면 식사 당번인 아이들은 아침을 준비하려고 새벽 다섯 시에 일어나 장작으로 쓸 나무를 구해 하나하나 팹니다. 그 다음 뜨거운 아궁이 앞에서 밥을 짓는데, 가마솥에 밥이 눌어붙지 않도록 세 시간 동안 쉬지 않고 저어야 합니다. 이렇게 매일 아침 땀을 뻘뻘 흘리며 밥을 짓습니다. 이러한 경험 덕분에 아이들은 밥 한 숟가락, 빵 한 조각, 물 한 모금이 얼마나 소중한지 누구보다 잘 알고 있으며 무엇보다도 함께 나누는 마음, 서로를 진심으로 아끼는 가족애가 정말 끈끈합니다.

이런 소망이들을 생각하면 휴지 한 장조차 아까워 편하게 쓸 수 없었고 물 한 방울 함부로 낭비할 수 없었습니다. 부모님이 해주시던 음식을 배가 부르면 대수롭지 않게 남기기도 하고, 물을 계속 틀어놓고 샤워하고, 친구들과 술값을 흥청망청 썼던 제 자신을 돌아보게 됐습니다.

소망의 집에 다녀온 이후로 저는 여행을 하면서 맛있는 음식, 편히 잘 수 있는 집, 다양한 것을 보고 느낄 기회, 제가 누리고 있는 모든 것에 감사한 마음을 가지게 되었습니다. 그래서 지금 이곳에서 여러분 앞에 서게 되었습니다. 고아원에 대한 부정적인 선입견을 없애고 소망의 집에 머물면서 제가 느낀 아름다운 경험을 조금 더 많은 사람들과 나눔과 동시에 여러분과 함께 소망이들을 위한 사랑의 마중물이 되고 싶습니다!

네팔 소망의 집 크라우드 펀딩은 제 인생의 첫 프로젝트이자 큰 도전입니다. 주위에서는 "힘들다", "그게 될까?", "안 될 거야"라고 말합니다. 저 또한 걱정도 많이 되고 불안하기도 합니다. 하지만 그렇기 때문에 더욱 더 도전하고 싶습니다. 많은 사람과 소망이들에게 제 좌우명인 '진심을 다하면 이루어진다'가 진실임을 멋지게 보여 드리겠습니다.

여러분! 네팔 소망의 집 아이들의 마중물이 되어 함께 사랑을 나누어주세요!

수바스다이
좋은 향기 나는 형, 오빠
네팔 크라우드 펀딩
소망의 집

Part 3
인생의 수직 하락 그래프,
나에게도 찾아올 수 있다

설익은 빳빳한 벼

'설익은 빳빳한 벼' 영상 보기

"도전은 이제 그만하고 취업 준비해."

도전할 때마다 지인들이 나에게 보이던 반응이다.

그러나 계속 도전을 하다 보니 늘 반대하던 지인들이 언제부턴가 이렇게 물어보기 시작했다.

"이번 도전 어땠어? 다음 도전은 뭐 할 거야?"

굳이 내 삶의 방식을 이해시키려 노력하지 않았지만 묵묵히 행동으로 보여주니 친구들도 내가 도전하는 모습에 조금씩 자극을 받는 듯했다. 그래서 한 명 한 명에게 각각 내 계획을 이야기하려니 한 말을 반복하게 되어 아예 sns에 내 이야기를 올리기 시작했다.

그러자 생각지도 못한 일이 생겼다. 많은 사람들이 내 이야기를 읽고 독특한 청년이라며 관심을 가져주었다. 그리고 더욱 다양한 기회가 찾아오기 시작했다. 먼저 곳곳에서 강연 제의가 들어왔다. 인터뷰도 하고 잡지 표지 모델이 되기도 했다. 지금까지의 여행기를 바탕으로 만든 영상은 공모전 수상까지 했다. 처음으로 많은 이들에게 인정받은 순간이었다.

얼떨떨했다. 그동안 항상 불필요한 것만 한다고 많은 비난을 받고 의견 차이 때문에 사람들과 늘 티격태격하거나 설득하기 바빴는데 처음으로 사람들에게 인정받고 내 이야기를 다들 좋아해 주기까지 하니 매일매일 기분이 들떠있었다. 나는 내가 한 도전들이 평범하고 당연하다고 생각했는데, 제3자 입장에서는 신선했나 보다.

세상에 내 이야기를 알리니 나만이 알고 있던 경험에 가치가 생기기 시작했다. 하지만 이때부터 나는 조금씩 교만해지기 시작했다. 무언가를 해냈다는 성취감과 함께 앞으로 무엇이든 다 할 수 있겠다는 자신감으로 가득 차있었다. 다들 멋지다고 해주니 내가 정말 멋지고 남들보다 대단하다고 생각했나 보다. 겉으로는 많이 부족하다며 늘 겸손한 척했지만 실제로 내 마음 한구석에는 내가 남들보다 잘났고 우월하다는 생각이 자리 잡고 있었던 것이다.

이후 나는 많은 제안을 거절하고 새로운 프로젝트를 위해 호주로 떠났다. 호주에서 1500킬로미터 길이의 그레이트빅토리아사막을 횡단하는 프로젝트였다. 영어도 모르는 상태에서 숙소를 구하고 프로젝트를 준비했다. 비록 영어 한마디 못해도 자신감 있게 밀어붙이면 다 될 줄 알았다. 갑작스럽게 얻은 인기 때문에 내 고개는 익지 않은 벼처럼 하늘을 향해 빳빳하게 들려 있었다.

그런데 3개월 동안 준비한 횡단 프로젝트 막바지에 청천벽력 같은 정보를 들었다. 그레이트빅토리아사막은 차량으로만 들어갈 수 있고 도보로는 들어갈 수 없다는 이야기였다. 그리고 여러 개의 허가증이 필요한데 일반인인 나로서는 정부의 지원을 받기가 힘들었다. 내가 할 수 있는 것은 없었다. 결국 프로젝트를 포기하고 호주에서 3개월 간 체류하며 그동안 모은 돈을 다 쓰고 말았다.

세계적으로 비싼 호주의 어마어마한 물가를 감당하기는 쉽지 않았다. 당장 먹고살려면 일을 구해야 했고 나는 절박해지기 시작했다. 돈에 여유가 있고 인기도 생기기 시작한 때는 하늘 무서운 줄 모르고 패기를 부렸다. 주위 사람들에게 걱정이나 고민하지 말라고, 하고 싶은 것을 하면서 살라고 말했지만 정작 내가 그 상황에 처하니 매일이 불안하고 미래마저 불안해지기 시작했다. 어떻게 사람이 이렇게 추할 수 있는가.

나는 늘 한결같음을 추구했지만 환경이 달라지자 내 마인드나 성격이나 변하는 것을 보고 내가 아직 많이 부족함을 깨달았다. 그리고 예전에 한 말과 행동이 굉장히 부끄러워졌다. 모두가 각자의 삶이 있고 사연이 있는데 나는 겉모습만 보고 이렇게 살아야 한다, 저렇게 살아야 한다며 꼰대처럼 잔소리하고 강요했다. 어느새 내가 가는 길만

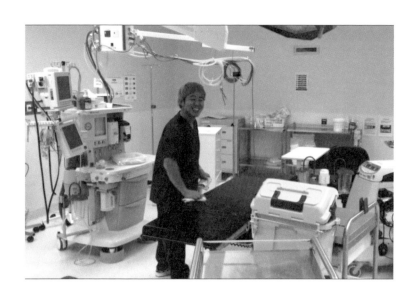

이 정답이라고 판단하고 행동하고 있던 것이다.

다양한 도전을 하면서 사람들에게 조언 받던 시절이 생각났다. 많은 사람들이 나를 걱정하면서 취업해라, 결혼 준비해라, 노후 생각해라, 현실적으로 생각해라 등의 조언을 했다. 그때마다 나는 논쟁하기도 싫고 사람들을 설득하는 데도 지쳐있었기에 속으로만 내가 어떻게 살아왔는지 알지도 못하면서 틀에 박힌 이야기만 한다고 생각했다. 그러면서 '자신의 삶이 정답인 것처럼 조언하지 않는 사람이 되자'고 다짐했는데 어느새 싫어하던 행동을 내가 똑같이 하고 있었다니, 참 부끄러웠다. 교만함, 거만함, 만용이 사람의 인생을 한순간에 바꿔버릴 수 있다는 생각이 들었다.

나는 살면서 내가 가장 경계해야 할 문장을 만들었다.

'이제 좀 되네?'

'할만하네?'

이런 생각이 드는 순간 공든 탑이 모래성처럼 한 번에 무너진다는 사실을 알았다. '겸손'이 사라지면 내가 가진 모든 행운이 한순간에 달아날 수 있다는 생각도 들었다. 기고만장하던 나는 익은 벼처럼 고개를 한 번 숙이고 나서야 익지 않은 빳빳한 벼 시절을 돌이켜보고 반성했다.

'롱보드 다운힐'이란 말 그대로 스케이트를 타고 언덕을 내려가는 것이다. 롱보드 고수들은 시속 70~80킬로미터까지 타기도 한다. 롱보드를 탈 때는 방향 조정이 굉장히 중요한데, 경사에 따라 크게 방법을 세 가지로 나눌 수 있다.

약경사: 어깨만 살짝 틀기
중경사: 어깨를 살짝 틀고 상체 기울이기
급경사: 어깨를 살짝 틀고 상체를 기울이며 무릎까지 앉기

초보자 대부분이 하는 실수는 약경사에서 살짝 어깨만 틀어도 원하는 방향으로 가는데도 불구하고 급경사에서 타듯이 과도하게 무릎까지 앉아버리는 것이다. 주위 고수들이 급경사에서 다 그렇게 타니 고수를 따라하는 것이다. 하지만 그렇게 과하게 모션을 주면 금방 중심을 잃고 넘어지고 만다.

우리가 가슴 뛰는 꿈에 도전하는 것도 롱보드 배우기와 비슷하다는 생각을 해보았다. 처음 꿈에 도전하는 사람은 약경사에서 살짝 어깨만 틀어주는 작은 도전부터 실천해야 하는데 급경사에서 무릎까지 앉는 것처럼 처음부터 큰 도전을 하려고 한다. 아직 고수가 아닌 초보자 수준인데 말이다. 그러면 롱보드 초보자가 중심을 잃고 넘어지듯 쉽게 좌절해버리고 그 후에는 또 넘어질까 봐 두려워서 자신의 가슴 뛰는 꿈 이루기를 망설이게 된다.

이처럼 강한 자극을 받아 열정 넘치게 도전했다가 이내 두려움, 좌절감 등을 맛보고 나와 맞지 않는다, 어렵다고 합리화해버리고 마는 경우를 많이 보았다. 그러나 약경사에서 어깨만 살짝 틀어주면 크게 넘어질 일은 없다. 이 과정이 지루하고 답답할 수 있지만 꾸준히 하다 보면 금방 적응해 중경사, 급경사도 잘 탈 수 있다. 그러니 옆에 있는 고수들이 급경사를 탄다고 초보자가 급하게 급경사부터 타려고 할 필요는 없다. 처음부터 잘하는 사람은 없다. 위대한 사람들도 작은 것부터 시작했다.

작은 것, 사소한 것부터 하나씩 하다 보면 목표를 성취하는 방법을 몸소 느낄 수 있다. 생각만큼 복잡한 것은 하나도 없다. 꼬인 실을 억지로 풀려고 급하게 막 잡아당기면 더 꼬이고 만다. 하지만 실 한 가닥을 잡고 천천히 인내하며 풀면 오히려 더 빨리 풀 수 있다. 이처럼 멀리 보는 습관과 인내심을 가지면 누구나 도전가가 될 수 있다.

적극적인 태도는 없던 자리도 만든다

'적극적인 태도는 없는 자리도 만든다' 영상 보기

    프로젝트 실패 후 나는 그동안 모아 둔 돈을 다 쓰고 말았다. 지금 나에게 필요한 건 하루하루 먹고살아야 할 돈이었다. 나는 급하게 일을 구하기 시작했고 친한 형의 소개를 받아 나무 농장을 알게 되었다.

    농장에서 일하기는 내 버킷리스트에도 있는 것이라 꼭 한 번 해보고 싶었다. 마침 호주에서 그 꿈을 이룰 수 있는 기회가 생긴 것이다. 그러나 일하는 사람이 여섯 명밖에 되지 않고 지원자도 워낙 많아 들어가기 쉽지 않을 것이라고 했다. 나도 내심 걱정이 되었다. 하지만 당장 일이 필요했기 때문에 이력서를 내러갔다. 영어를 한마디도 못하니 예상 질문과 답변을 외워서 갔다.

키가 190센티미터가 넘는, 데니라는 이름의 슈퍼바이저는 내 몸을 보더니 어깨나 허리는 괜찮냐고 물어보았다.

"Of course!"

물론 괜찮다고, 뭐든지 다 할 수 있으니 시켜만 달라고 했더니 알겠다고 했다. 그래서 다른 일을 구하지 않고 2주를 기다렸는데 연락이 오지 않았다. '하루 이틀 정도는 통보를 늦게 해 줄 수 있겠지' 하고 2일 더 기다렸지만 연락은 오지 않았고, 나는 초조해지기 시작했다. 돈이 없어 라면만 먹었는데 라면도 못 먹을 상황에 처한 것이다.

호주 경험이 많은 친구들에게 물어보니 원래 형식상 자리가 있으면 연락을 준다는 말을 많이 한다고 했다. 안 된 것 같으니 다른 일자리를 알아보라고 했다. 하지만 나는 더 이상 물러설 곳이 없었다. 이 일을 하지 못하면 다른 곳에 이력서를 넣어야 하는데 그곳에서도 일을 시작하기까지 얼마나 오래 기다려야 할지 모르기 때문이었다. 당장 월세 낼 돈도 없었다. 그래서 그날 밤, 나는 중대한 결심을 했다. 나무 농장에 막무가내로 다시 찾아가기로 한 것이다.

아침이 되어 나무 농장으로 출발했다. 연락을 준다고 했는데 아직 못 받았다고 일단 말해보기로 했다. 도착해서 사무실로 가니 두 명 한국인 지원자가 있었다. 그들에게 이력서를 내려왔는지 물어보니 이력서는 이미 냈고 인터뷰를 하러 왔다고 했다. 즉 내 앞에 있는 두 사람이 면접을 본다는 말이었다. 나는 아무런 연락도 받지 않았고 면접 대상도 아니었다.

마침 슈퍼바이저가 와서는 놀라며 왜 세 명이 와있냐고 물어봤다. 나는 일부러 아무 말도 하지 않았다. 나머지 두 사람도 왜 세 명인지 몰랐을 것이다. 슈퍼바이저는 시간이 없었는지 급하게 농장을 돌아다니며 일단 일을 어떻게 해야 하는지부터 챙겨 올 복장까지 설명해 주었다. 하필 다른 두 사람은 영어도 유창했다. 나는 눈치로 아는 척 고개를 끄덕거렸다.

인터뷰가 끝나고 슈퍼바이저가 떠나려는 찰나, 용기 내 말을 걸었다.

"데니, 네가 연락을 준다고 해서 2주 넘게 기다렸다. 그런데 연락이 오지 않아서 안됐다고 생각했다. 하지만 그 이유가 궁금해서 찾아왔다. 내가 왜 안됐는지 말해줄 수 없니? 내가 여기 들어오려면 어떻게 해야 하니?"

그러자 그는 초대받지 않은 면접자가 너였냐며 웃기 시작했다. 살면서 이런 경우는 처음 본다고, 연락이 오지 않으면 대부분 안됐다고 생각하고 마는데 이렇게 찾아와서 물어보는 사람은 네가 처음이라고 했다. 그러고는 내 이름을 물어보았다.

"내 이름은 Jay야."

데니가 이력서를 확인하다 "오 마이 갓!" 하며 놀랐다. 사실 그때 나를 뽑으려 했는데 깜박했단다. 그러다 필요한 인원이 두 명이 되어 새로 이력서를 보고 면접을 봤다고 한다. 그러면서 "네가 다음 주에 나올 수 있겠니?"라고 말했다.

기쁜 마음을 감출 수 없었다. 나는 고맙다고 거듭 말하며 농장을 나왔다. 집으로 가는 길에도 기분이 좋아서 계속 웃음이 나왔다. 내가 드디어 일을 하는구나! 예전부터 자연 속 농장에서 꼭 일해보고 싶었는데 드디어!

일주일 후, 일을 시작했다. 농장 일은 생각보다 쉽지 않았다. 우기여서 늘 비가 와 우의를 입어도 흙탕물에 머리부터 신발까지 다 젖는 날이 많았다. 그래도 재미있게 일을 할 수 있었던 것은 가족같이 친해진 동료들 덕분이었다. 여기서 만난 형, 동생들과는 지금도 꾸준히 연락하고 있다. 그들과 이야기할 생각에 매일 출근길이 신 났다. 돈을 벌면서 이렇게 기분 좋게 출근한 적은 처음이었다. 이후로도 많은 일을 했지만 나무 농장 일은 아직도 가장 행복한 추억으로 남아있다.

만약 내가 연락이 오지 않은 날 그냥 체념했다면 어떻게 됐을까?

슈퍼바이저에게 왜 나를 뽑지 않았는지 물어보지 않았다면 영어를 한마디도 못하는 내가 아닌 다른 두 명이 뽑히지 않았을까?

이전에 나는 간절한 마음만은 누구보다 강하다고 생각했다. 그러나 늘 그 간절함을 머릿속에만 담아두고 행동으로 옮기지 못한 탓에 항상 소극적이었다. 그래서 상황이 절박하니 저절로 적극적이 된 나를 보고 놀랐다. 그리고 후회했다. 진작 이랬다면 그동안 놓친 기회들도 잡을 수 있지 않았을까?

나무 농장에서 없던 자리도 만들었듯 늘 적극적인 자세로 행동하다 보면 다양한 기회를 얻을 수 있겠다는 생각이 들었다.

내일이 보장된 삶은 없다

농장 일을 위해 없는 돈을 끌어 모아 200만 원짜리 15년 된 중고차를 구입했다. 주인에게 차량 점검을 다 끝내고 문제가 없다는 점검표를 받아 안심하며 살 수 있었다. 내구성도 좋고 엔진 소리도 괜찮았기에 나름 잘 샀다고 만족했다.

내가 일하는 농장은 시티에서 몇 킬로미터 떨어진 곳에 있어 고속도로를 타고 35분 정도 가야 했다. 그리고 아침 일곱 시부터 일이 시작돼 다섯 시 30분에는 일어나야 늦지 않았다.

여느 때와 같이 빵을 입에 물고 집을 나서는데 소나기가 내리기 시작했다. 호주의 겨울은 우리나라의 겨울과 날씨가 정반대이며 우기

이기도 하다. 우산이 없던 나는 쏜살같이 달려 차에 타서 농장으로 출발했다. 자주 듣는 팝송 '위대한 쇼맨'을 들으며 고속도로를 달리기 시작했다.

소나기는 갈수록 심해졌다. 차 앞이 안 보일 정도로 거셌다. 오래된 와이퍼는 왜 이렇게 잘 안 닦이는지……. 삐걱거리는 소리만 컸다.

그때 갑자기 차가 흔들리기 시작했다. 핸들을 잡고 있는데 말이다. 무언가 잘못됐음을 깨닫자마자 두 손으로 핸들을 더 꼭 잡았다. 살아야겠다는 생각뿐이었다. 불과 1초 사이에 내 일생이 지나갔다. 어릴 때부터 지금까지 울고 웃으며 도전한 수많은 추억들이 머릿속을 스쳤고 마지막에는 사랑하는 아빠, 엄마, 동생이 보였다. 나는 직감적으로 운명의 순간이 왔음을 깨달았다. 우리 가족을 위해 내가 잘못되지 않도록, 살 수 있기를 미치도록 간절히 바랐다. 이대로 죽을 수는 없었다.

간절함 덕분에 핸들을 초인적으로 꽉 잡아 차는 고속도로 우측 가드레일을 긁으며 멈추었다. 다행인지 불행인지. 놀란 가슴을 가라앉히고 주위를 보니 오른쪽으로 1미터만 더 갔으면 가드레일을 넘어 언덕 밑으로 떨어질 뻔했다. 만약 떨어졌다면 목숨을 부지하기 힘들었을 것이다. 그 와중에 초등학교 6학년 때 고속도로에서 교통사고가 나 타이어 두 개가 날아가고 차가 180도 회전하면서 진행 방향과 반대로 서있었던 기억이 났다.

순간 차에 있으면 위험하다는 생각이 들어 황급히 손수건을 들고 차에서 내렸다. 그리고 지나가는 차들에게 살려달라고 외쳤다. 폭우 때문에 팬티, 작업화, 양말까지 다 젖고 아침 여섯 시라 바람도 매서워 추위에 얼굴과 손등이 발갛게 얼어가고 있었다. 아침 출근길이라 다들 급했는지 멈추는 차가 없었다. 그래서 한 시간 내내 손을 흔들며 살려달라고 외쳤다.

다행히 경찰차가 왔다. 고맙게도 누군가 내 차를 보고 신고를 해준 듯했다. 경찰의 도움으로 원래 타이어를 예비용 타이어로 교체한 후에야 다시 차 안에 들어갈 수 있었다. 겨우 긴장이 풀리기 시작했다.

온몸이 젖은 채 차 안에 앉아 방금 경험한, 위험했던 순간을 생각했다. 극한으로 힘든 경험은 많이 해보았지만 죽을 뻔한 적은 이번이 처음이었다.

차에 시동을 걸고 핸들을 잡으려는데 왼쪽 손목과 어깨가 찌릿찌릿했다. 아까 핸들을 세게 잡고 브레이크를 밟았을 때 왼쪽 손목과 어깨에 충격이 가해진듯했다. 왼팔을 내리고 오른손에 의지해 운전을 계속했다. 경찰은 당장 병원에 갔다가 카센터로 가라고 했지만 나는 일단 나무 농장으로 향했다. 가뜩이나 월세 낼 돈도 없고 하루하루 라면만 먹을 정도로 절박한데 지금 무단결석으로 잘리면 월세는커녕 밥 먹을 돈도 없기 때문이었다.

온몸이 젖은 채 농장에 들어가 사고가 나서 늦었다고 말했다. 그리고 바보같이 한 푼이라도 더 벌려고 일을 했다. 왼손은 움직일 힘이 없어 슈퍼바이저 눈치를 보며 오른손으로만 했다.

흠뻑 젖은 상태로 바람을 맞으며 일하고 집에 도착하자마자 작업복도 벗지 않고 바로 침대에 누웠다. 힘든 몸을 끌고 겨우 샤워를 하고 따뜻한 차를 마셨는데도 몸이 으슬으슬해 벌벌 떨었다. 전기장판 살 돈도 없어 이불만 덮고 잤는데 자는 내내 두통과 고열에 시달렸다. 어찌나 추운지 청바지 두 겹을 껴입고 패딩을 입은 채 잔 기억이 난다.

다음날 일어나니 식은땀을 얼마나 많이 흘렸는지 청바지와 패딩이 다 젖어있었다. 병원비가 아까웠던 나는 왼손을 붕대로 압박하고 진통제를 먹고 다시 일터로 나갔다.

2주마다 내는 셰어비도 한 달 넘게 못 내고 있었고 차 수리비를 내야 하는데 돈이 없어서 인생 처음으로 다른 사람에게 돈을 빌렸다. 자존심이 강해 남들에게 도움을 정말 잘 받지 않는 편이지만 어쩔 수 없었다.

원래도 돈이 없어 라면만 먹었지만 이제는 라면 사 먹을 돈도 없어 식빵을 사 먹었다. 하루는 쇼핑센터를 두리번거리다 눈앞에 딸기잼, 무화과 잼, 사과잼 등이 보였다. 하지만 돈이 없어 살 수가 없었다. 한 통에 3달러면 3천 원인데, 이 3달러가 부담돼서 그냥 물로 식빵을 삼켰다.

나는 앞으로 내가 늘 승승장구할 줄 알았다. 하지만 프로젝트를 실패하며 휘청거렸다. 물론 이해했다. 실패 또한 자주 했기에 잘 안 될 수도 있다고 생각했다. 그러나 이렇게 수직으로 꺾일 수도 있다는 것은 처음 알았다. 당장 내일의 내가 어떻게 살아갈지 한 치 앞을 예상

할 수 없었다.

이 경험으로 백만장자가 교통사고로 갑자기 생을 마감할 수도 있고, 50년 평생을 노숙자로 살던 사람이 복권에 당첨되어 갑자기 백만장자가 될 수도 있음을 알았다. 인생이 그런 것이라면 하루하루 후회 없는 삶을 살 수 있도록 좋아하는 것을 열심히 해보기로 결심했다.

또 과거의 나는 무언가를 하기 전에 늘 타인에게 조언을 구했다. 조언을 받는 것으로 끝났다면 좋았겠지만 어느새 허락을 받는 사람이 되었다. 한 명이 반대하면 그쪽으로 마음이 조금 기울어지고, 두세 명 이상이 반대하면 스스로 포기했다. 그렇게 포기한 좋아하는 일, 하고 싶은 일이 너무나도 많다. 이제 좋아하는 것은 일단 해보기로 했다. 더 이상 타인이 원하는 삶을 살지 않기로 했다.

완장을 내려놓고 가벼워지는 법을 배우다

'완장을 내려놓고 가벼워지는 법을 배우다' 영상 보기

3개월간 나무 농장에서 일한 후 다양한 일을 하기 시작했다. 첫 일은 공사장 타일 작업이었다. 그러나 이 일은 한인 직원들의 압박이 보통이 아니었다.

"더 빨리 해라."

"이렇게 하면 망한다!"

"나 때는 이렇게 했다."

우리나라에서 없어져야 할 전형적인 '빨리빨리' 문화가 있었다. 호주에는 한국인이 많아 호주 사람들도 "안녕하세요"라는 말을 기본적으로 알고 있는데, 그다음으로 많이 아는 말이 "빨리"다. 이 문화가 싫어서 호주에 왔더니 여기서도 한국에서와 똑같이 일하고 있는 나 자신이 싫어졌다.

게다가 일당은 원래 바로 지급해줘야 하는데 일주일 넘게 받지 못했고 시간당으로 임금을 계산하기에 다섯 시 이후 두 시간 일을 더 하자고 해서 기쁜 마음으로 했더니 일당제라서 130달러만 준다고 했다. 그래서 다른 일을 구하기 시작했다. 이번에는 한국인이 없는 곳에 가기로 했다.

새로운 직장은 호주 사람들만 있는 오지 레스토랑이었다. 내 업무는 주방에서 설거지하기였다. 그곳에는 일곱 명의 셰프가 1초도 쉬지 않고 일하고 있었다. 다들 나보다 나이가 많아 보였는데 알고 보니 스무 살부터 시작해 제일 나이 많은 셰프가 스물네 살이었다.

처음에는 내가 식당에서 설거지를 한다는 것이 믿기지 않았다. 사범대 체육교육과를 졸업했고 100명이 넘는 병사를 통솔하던 장교 출신에 수많은 도전을 해왔기에 나는 스스로에게 강한 자부심을 가지고 있었다. 이러한 타이틀을 가지고 있는 내가 고무장갑을 끼고 그릇을 닦고 음식물 쓰레기를 비운다는 사실이 처음에는 낯설었다. 그때까지만 해도 우리나라의 수직적인 조직에 익숙했던 나는 호주의 수평적인 조직문화에 적응하기가 힘들었다.

처음 해보는 일이라 미숙한 탓에 셰프들의 지적을 많이 받았다. 지금 생각해보면 셰프들은 감정을 섞지 않고 있는 그대로 내 실수에 대해 이야기해주었는데 나는 바보같이 그것을 잔소리로 들었다. 그래서 기분이 좋지 않았다. 이런 자격지심 때문에 그들이 인종차별을 한다고 멋대로 생각해 좋지 않은 표정을 짓고 있었던 탓에 셰프들과 나 사이에 묘하게 냉전 기류가 흘렀다. 이런 상황에서 일하다보니 당연히 스트레스를 받을 수밖에 없었다. 그때의 나는 아직도 과거의 영광에 미련이 남아있었나 보다.

그러던 어느 날, 셰프들이 레스토랑을 운영하는 사장과 정말 친구처럼 어깨동무를 하면서 친하게 지내고 컴플레인이 들어왔거나 부족한 점이 있으면 스스럼없이 이야기하는 것을 보았다. 그 광경을 보고 정말 놀랐다. 보통 한국에서는 직원이 사장에게 말을 잘 하기는커녕 사장 비위 맞추기에 바쁜데 자기 생각을 이렇게 자유롭게 말하다니. '역시 선진국은 다르구나' 싶었다.

셰프들에게 어떻게 그렇게 말할 수 있냐고 물어보니 역으로 나이가 뭐가 중요하냐고 되물었다. 나는 스물한 살의 청년이 아닌 셰프로서 당당히 요구하는 것이라고 했다. 그래야 사장이 셰프들의 말을 수용함으로써 본인이 모르던 사실들을 알고 레스토랑을 더욱 개선해나갈 수 있다는 것이었다. 그 사람이 과거에 무엇을 했든, 나이가 몇 살이든 우리는 지금의 있는 그대로의 모습을 인정한다고 말했다. 한국에서는 비서에게 보고를 받거나 체계를 거쳐서 의견이 올라가는데 여기는 말단 직원이 그냥 사장에게 편하게 이야기하는구나. 이것 말고도 함께 도시락을 먹거나 청소를 하는 모습이 정말 타의 귀감이 된다고 생각했다. 그런데 나는 예전 모습 그대로 권위적인 생각을 하고

있었으니……. 셰프들과 제대로 소통하지 않은 것이 부끄러웠다.

　그 이후 나는 현재 내 모습을 있는 그대로 인정하기 시작했다.

　'지금의 나는 빚이 있고 가진 것 하나 없는 스물아홉 살 청년이다.'

　이렇게 나 자신을 인정하니 셰프들이 지적을 해도 군대에서 이등
병으로 시작하는 것과 똑같다는 마인드로 웃으면서 미안하다고 말할
수 있었고, 궁금한 점은 먼저 적극적으로 물어볼 수 있게 되었다. 그러
자 셰프들은 나를 더 잘 챙겨주었고 실수해도 오히려 웃어넘기곤 했

다. 덕분에 더 이상 스트레스를 받지 않고 즐겁게 일을 할 수 있었다.

그리고 내 삶에 전혀 도움이 되지 않을 것 같았던 설거지도 몇 개월 해보니 엄청난 도움이 되기 시작했다. 요리를 배우려면 설거지부터 해야 한다는 말을 이제야 이해하게 된 것이다. 수많은 그릇을 닦다 보니 사람들이 어느 시간대에 어떤 메뉴를 많이 시키는지, 주로 어떤 그릇이 많이 나가는지 알 수 있었다. 어떤 음식을 가장 많이 남기는지, 어떤 소스를 선호하는지 등 메뉴의 흐름 또한 알 수 있었고 언제 셰프들이 바쁘고 내가 어느 부분을 도와줘야 하는지도 보였다. 이를 반복하다 보니 무슨 요일에는 요리가 몇 그릇 정도 나가는지, 몇 시에 마감이 될지 예상할 수 있게 되었다. 청소부터 시작해 식기류 정리, 식자재 보관까지 도맡으면서 위생 관리는 이렇게 해야 한다는 것도 알게되었다. 설거지하는 나에게 마치 셰프처럼 레스토랑 운영 흐름 전체가 보이기 시작한 것이다.

그 과정에서 느낀 점을 사장에게 편하게 이야기하니 말해줘서 정말 고맙다며 앞으로 운영에 반영하겠다고 했다. 말단 직원과도 이렇게 소통을 잘하니 '서호주 3대 레스토랑'이라는 타이틀이 붙은듯하다.

그러다 보니 설거지하는 아르바이트생인데도 불구하고 레스토랑에 대한 사명감이 생기기 시작했다. 말하면 일이 늘어날 것 같은 문제도 스스럼없이 셰프에게 말해 이런 점은 보완해야겠다고 이야기했다. 내가 더 바빠져도 사명감이 있었기 때문에 전혀 신경 쓰지 않았다.

실로 놀라운 체험이었다. 그동안 일을 하며 보람을 느낀 적이 몇 번이나 있었나? 식당에서 설거지하면서 이렇게 많은 것을 배우다니.

내가 가진 것을 비우고 새롭게 배우겠다고 생각하니 라이프 스타일이 변하기 시작했다. '이래서 밑바닥부터 일해보라는 말이 생겼구나'라는 생각이 들었다. 한 때 '네가 뭔데 나한테 그런 말을 해?'라고 생각한 내가 부끄러웠다.

이때를 계기로 나는 과거에 얽매이지 않고 현재의 나를 인정했으며, 마음을 비우고 나서야 나 스스로를 사랑할 수 있게 되었다.

343 법칙을 알고 있는가?

10명 중 나를 좋아하는 사람이 세 명, 내게 관심 없는 사람이 네 명, 나를 싫어하는 사람이 세 명 있다는 법칙이다. 그래서 나를 싫어하는 사람이 한 명이나 두 명이라면 그 사람은 이미 인복이 많은 것에 감사해야 한단다.

그러나 우리는 싫어하는 사람 한두 명에 많은 신경을 쓰고 에너지를 소비한다. 혜민 스님께서 말씀하시길 오래전부터 인간은 생존 본능 때문에 부정적인 것에 집중하려는 경향이 있다고 한다. 예를 들어 원시인 부족이 한곳에 정착해서 풍요롭게 살고 있어도 근처에 호랑이가 있으면 모든 신경을 그곳에 집중하는 것이다. 생존하려고 말이다.

하지만 현재 사회에는 생존을 위협하는 것이 없다. 그런데도 우리는 부정적인 것에 신경을 더 많이 쓴다. 나도 마찬가지다. 많은 분들이 내 강연을 좋다고 말씀해주시지만 한두 분은 "꼭 저렇게까지 살아야 하나", "당신은 태어날 때부터 유전자가 다르다", "집에 돈이 많아서 저것을 다 할 수 있었던 것이다", "현실에 무책임하다" 등의 피드백을 주시곤 한다. 이런 피드백을 받으면 95퍼센트의 칭찬보다도 5퍼센트의 부정적인 의견에 나도 모르게 신경을 써 부정적인 기운에 사로잡힌다.

똑같은 상황에 처했을 때 그 상황의 좋은 면을 보고 자신의 것으로 만들려는 사람이 있고 나쁜 면만 보고 비판하는 사람이 있다. 부정적인 그릇을 가지고 있는 사람의 말에 과연 내가 신경 쓸 필요가 있을지 생각해보자. 타인을 의식하는 순간 삶은 불행해질 수밖에 없다. 그러니 부정적인 사람은 과감히 비우고 나를 응원해주는 긍정적인 사람으로 인맥을 채우자.

14억의 유혹

농장에서 일하던 시절, 친한 동생과 잡초를 뽑다 재테크 이야기가 나왔다. 우리는 호주에 온 목적이 명확했고 그만큼 미래에 대해 관심도 많았다. 앞으로 어떻게 살아가야 할 것인가, 어떤 직업을 가질 것인가 등 많은 이야기를 나누었다.

그러던 중 비트코인 이야기를 들었다. 처음에 비트코인 이야기를 들었을 때는 신종 사기인가 생각했다. 나는 술, 담배, 도박은 일절 하지 않으려 하고 게임 아이디도 '바른생활 청년'이라고 지을 정도로 나름대로의 소신을 가지고 있었다. 그래서 신중하게 비트코인에 대한 정보를 알아보았고 놀랍게도 굉장히 빠른 속도로 성장하고 있음을 알았다. 비트코인의 어마어마한 잠재력을 깨달은 나는 '은행 적금보다는 당연히 좋겠지'라는 생각으로 조금씩 투자하기 시작했다.

한 달이 지나자 큰 수익은 나지 않았지만 그래도 몇 퍼센트씩 오르기 시작했고, 시간이 지날수록 무조건 오른다는 확신이 들어 전 재산을 투자했다. 1년 동안 고생고생해서 힘들게 모은 돈이었는데, 그때는 왜 그렇게 돈에 현혹됐는지 모르겠다. 아마 돈이 절박하고 또 간절했는데 마침 돈을 벌 수 있다는 희망이 생기니 앞이 제대로 보이지 않았던듯하다.

그 후 4개월간은 큰 변동이 없었다. 어느새 나는 버킷리스트 공책이 아닌 비트코인 차트만 보고 있었다.

투자한 지 5개월 차. 수익률이 몇 배나 오르는 기적 같은 일이 생겼다. 그때부터는 24시간 내내 비트코인만 보고 있었다. 믿을 수 없는 일이었다. 내가 20대에 1억 원을 벌 수도 있겠다는 생각에 마음이 들떴다.

그리고 6개월 차에 엄청난 수익률을 올렸다. 무려 1억 4,000만 원!

내 인생에서 상상할 수도 없는 금액이었다. 매일 밤 잠을 잘 수 없었다. 이게 꿈인가 생시인가. 마음만 먹으면 몇 분 안에 1억 4,000만 원의 현금을 확보할 수 있다니. 실감이 나지 않았다.

문득 불안한 생각이 들었다.

'혹시 내려가면 어떡하지?'

매일매일 노심초사하며 하루 종일 휴대폰으로 비트코인 차트만

봤다. 당시에는 24시간 내내 1분마다 그래프가 올라갔다 내려갔다 해 이것처럼 피가 마르는 일이 없었다. 그러나 원금의 10배가 넘는 수익을 벌었으니 여기서 10배만 더 벌면 14억 원이 되는 것이었다. 내가 가진 돈은 1억 4,000만 원이었지만 14억 원을 생각하는 순간 눈이 돌아가기 시작했다. 가지고 있지도 않은 14억 원을 벌써 가진 듯 생각하고 행동했다.

결국 가진 돈을 전부 다시 비트코인에 투자했다.

그때 돈을 전부 뺐어야 했다. 아니, 일부라도 뺐어야 했다.

다음 날, 1월 11일은 지금도 생생하게 기억난다. 당시 한국에서는 비트코인 열풍이 엄청났다고 한다. 내가 호주에서 비트코인을 처음 알았을 때는 비트코인이 생소했지만 불과 6개월 후에는 한국에서 비트코인을 모르는 사람이 없었고 300만 명이나 되는 청년들이 투자를 했다고 한다. 그래서 매일 비트코인 광풍이 불었고 어김없이 뉴스에도 나왔다.

돈을 뺄까 말까 고민하다 14억 원을 생각하며 전 재산을 투자한 날이 1월 10일이었다. 그런데 11일, 공중파 뉴스에서 법무부 장관이 한국 비트코인 거래소를 폐쇄시키겠다는 발언을 한 것이다. 그 순간 비트코인 차트를 보니 50퍼센트가 하락했다. 뉴스가 나온 지 불과 한 시간 만에 나는 7,000만 원을 잃었다.

영화 같은 일이 벌어졌다. 100만 원도 보통 사람에게는 큰 금액인데, 한 시간에 7,000만 원이 날아간 내 마음은 누가 알 수 있을까? 다들 눈이 휘둥그레지고 얼굴이 새파랗게 질렸을 것이라고 말한다. 하지만 나는 아무런 생각도 들지 않았다. 심지어 그날 저녁 바비큐 파티할 장을 보고 다음 날 바비큐 파티를 하며 놀았다. 그만큼 큰 금액이라 전혀 실감을 하지 못한 것이다. 사실 지금도 조금은 현실감이 없다.

일주일이 지나자 조금씩 실감이 나기 시작했다. 그때 결정했어야 했다. 남은 7,000만 원을 다 뺐어야 했다. 그러나 나는 본전이 아쉬워 본전만 찾으면 다 빼고 그만두겠다는 어리석은 생각을 했다. 결국 계속 투자를 했고, 남은 7,000만 원마저 다 잃고 말았다.

나는 내가 물질적인 욕심이 없는 사람이라고 생각했다. 하지만 이 돈으로 우리 가족과 많은 사람들에게 도움을 줄 수 있겠다고 생각하니 그것에 욕심이 생겨 집착하고 말았다.

1억 원을 벌기 전의 나는 모험을 무릅쓰는 모험가이자 도전자였지만 이제 나는 더 이상 모험가도 도전가도 아닌, 도박꾼이 되었다. 탐욕과 허영심이 내 순수한 꿈을 삼켜버린 것이다. 돈에 눈이 먼 사람을 한심하다 생각했지만 내가 그 한심한 사람이 되었다. 절제력이 강하다고 생각했지만 그 누구보다도 쉽게 무너지고 말았다. 나는 1억 4,000만 원을 담을 수 있는 그릇이 아니었다.

30살이 되던 해, 그레이트빅토리아사막을 횡단하는 꿈을 품고 호주에 왔지만 어째서인지 나락에 빠지고 말았다. 그 나락은 늪과 같아서 발버둥칠수록 나는 더 깊은 곳으로, 더 빠르게 떨어지고 있었다.

11개월간의 사색

'11개월간의 사색' 영상 보기

내 인생에서 이렇게 사색을 길게 해 본 적이 있었나?

아침 여섯 시 30분부터 오후 네 시 30분까지, 하루에 열 시간씩 나만의 시간이 생겼다. 그것도 무려 11개월 동안. 바로 소시지 공장에서 말이다.

비트코인으로 가지고 있던 돈을 한 푼도 남기지 않고 다 잃은 나는 1년 전의 상황과 다시 마주해야 했다.

1년 전, 나는 호주에 와서 200만 원짜리 중고차를 몰면서 모험가의 꿈을 꾸며 잠도 줄여가면서 투잡을 했다. 아침 일곱 시 30분에 일을 시작해 차에서 빵으로 저녁을 때우고 저녁에는 청소 일을 했다. 집에 도착하면 열 시. 씻고 바로 자고 다시 일곱 시 30분에 일을 시작하는 생활의 반복이었다. 피곤해서 씻지도 않고 집에 가자마자 침대에 누워 잠든 적도 많았다.

그렇게 1년을 일했으나 이번에는 돈에 탐욕을 부려 전 재산을 다 잃었다. 내가 너무 한심해 마음이 괴로웠다.

'내가 이 정도밖에 안 되나?'

깊은 자괴감에 빠졌다. 다시 또 1년간 고된 생활을 하려니 눈앞이 캄캄했다. 하지만 고민할 새도 없이 일단 하루하루 먹고 살려면 일을 해야 했다.

그렇게 시작한 일이 소시지 공장이다.

처음에 일을 시작할 때는 불만투성이였다. 성격도 부정적으로 바뀌어 동료들이 부리는 텃세 때문에 여러 번 싸웠다. 결국 '코리안 파이터'라는 별명이 붙은 채 유래 없이 파트를 세 번이나 옮겼고 최종적으로는 소시지를 자르는 동료들과 마음이 맞아 그곳에 정착했다. 사실 예전의 나였다면 웃으면서 융통성 있게 생활했을 테고, 동료들과도 친하게 지냈을 것이다. 그러나 당시에는 부정적인 생각만 들었고 또 예민해서 누군가 먼저 시비를 걸거나 부당하게 나오면 참지 못했다. 꿈을 이루려면 사소한 것은 참을 줄도 알아야 하는데……. 지금 생각해보면 바보 같은 행동이었다. 사소한 신경전과 자존심 때문에 간절한 꿈을 포기할 뻔했다.

소시지를 자르는 파트에 정착해 반복적으로 소시지를 자르다 보니 팔목, 어깨가 나빠져 늘 얼음찜질을 하며 다음날 출근 준비를 하던 날들이 떠오른다. 그때는 하루하루 별 생각 없이 그저 살기만 했다. 집에 가면 sns로 누가 어떻게 사나 구경만 하다가 잠들고 다음날 일하고의 연속이었다.

다행히 나중에는 자르는 일에 요령이 생겨 머리보다 몸이 무조건 반사적으로 움직였다. 이때부터 사색이 시작되었다. 아침 여섯 시 30분부터 저녁 네 시 30분까지 하루에 열 시간씩 정말 별의별 생각을 다 했다. DMZ에서 멍하니 이북만 바라보던 군 생활도 이 정도는 아니었다.

첫 한 달은 현실을 인정할 수 없었다.

내 주변은 다들 승승장구하고 있거나 취업을 하는 등 안정된 삶을 살고 있는데 나는 여기서 도대체 뭐 하는 것인가? 나이가 서른을 바라보는데 돈 한 푼 없이 소시지 공장에서 소시지를 자르는 나는 도대체 누구인가? 1년 전만 해도 열정적이고 패기 넘쳤는데, 그 모습은 사라지고 어두운 표정에 말수까지 없어진 내가 현실 같지 않았다.

한 달이 넘어서야 현실이 와닿았다.

앞치마를 두르고 위생 커버망을 쓰고 장갑을 낀 채 칼을 쥐고 있는 내 모습이 현실이었다. 또다시 분노가 시작됐다. 1억 4,000만 원에서 그만뒀어야 했다는 생각을 한 달, 7,000만 원일 때 뺐어야 했다는 생각을 또 한 달, 2~3천만 원이라도 보험으로 두었어야 했다는 생각을 한 달 했다. 자면서도 그때 잃은 돈에 대한 후회와 분노가 사그라들지 않았다. 1억 원이면 이룰 수 있는 꿈이 정말 무궁무진한데……. 내 평생에 이런 기회는 다시 없을 것 같다는 생각이 계속 나를 괴롭혔다. 돈 한 푼 없이 모험에 도전하는 것은 있을 수 없는 일이었다.

4개월이 지났다.

스스로 반성하기 시작했다.

그전에는 세상과 환경을 탓하고 법무부 장관과 보이지 않는 세력에 분노했지만 이제는 내 탓이라는 생각이 들었다.

'이렇게 했다면……'

'내가 더 현명했다면……'

'내 그릇이 더 넓었다면……'

내 문제가 보이기 시작하자 끊임없이 스스로에게 질문을 던졌다.

또 3개월이 지나니 마음이 편안해지기 시작했다.

내가 무엇을 잘못했는지, 당시에 어떤 생각을 가졌는지. 몸은 기계처럼 소시지를 잘랐지만 머리는 끊임없이 자아에 대한 사색을 하고 있었다. 그러자 내 삶의 방향과 목적, 내가 왜 도전을 하는지, 나는 미래에 어떤 사람이 되고 싶은지 등 질문의 답이 하나씩 나오기 시작했다.

11개월간의 사색 끝에 나는 나 자신을 들여다볼 수 있었다. 그 후로도 내가 왜 슬픈 감정을 느끼는지, 왜 기쁜지, 왜 우울한지 더 깊게 파고들었다.

행복이란 누가 정한 것이며 불행은 누가 정했을까? 전부 사람이 정한 것이다. 애초에 행복, 기쁨이나 슬픔, 불행은 모두 인생에서 당연하게 겪어야 할 과정인데 나는 이를 부정적으로 받아들이고 슬퍼하기만 했다.

또 삶과 다양한 사물에 대해 고민하고 평소에 관심 없던 책을 읽기 시작했다. 그리고 내가 느낀 것과 경험을 글로 쓰기 시작했다.

글을 쓰며 찌질하던 학창 시절보다 지금의 내가 더 찌질하다는 사실을 알았다. 그리고 돈 앞에서 사람이 얼마나 추해지고 비참해지는지 뼈저리게 깨달았다.

소시지 공장에서 일한 지 1년 가까이 지나서야 비트코인에 대한 미련을 완전히 떨쳐버릴 수 있었다. 내 가슴속에 더 이상 비트코인 계좌는 들어있지 않았다. 비로소 마음의 평온함을 찾은 것이다.

공원 벤치에 앉아 호수에 떠다니는 백조와 구름 한 점 없는 푸르른 하늘을 바라볼 수 있게 되었다. 친구들과 즐겁게 바비큐 파티를 하며 행복하다고 생각했다. 책을 읽을 때 예전과 달리 타인의 일생에 조금씩 공감하며 눈물을 흘리다 다시 감정이 풍부해졌음을 알았다. 이렇게 사소한 것에 행복해하는 나를 보며 또 한 번 행복해졌다. 시련을 준 하늘에 감사했다. 하늘 높은 줄 모르고 뻣뻣하게 고개를 들고 다니던 나는 비록 멀리 돌아왔지만 시련과 실패에 대한 공감능력이라는 선물을 받았다.

내 행복은 비트코인처럼 물질이 아니라 보이지 않는 것에 있었고, 어느 쪽을 선택하는가는 순전히 내 몫이었다. 잘못된 선택으로 돈을 다 잃은 후 5개월 동안은 늘 부정적으로 생각하고 욕만 했지만 그 후 6개월은 나에 대한 반성과 자아성찰을 할 수 있음에 감사했고 그 안에서 소소한 행복을 느꼈다. 이처럼 같은 상황에서 행복 혹은 불행을 결정하고 선택하는 것은 바로 나 자신이다.

눈물을 흘린 유일한 순간

'눈물을 흘린 유일한 순간' 영상 보기

호주에서 보낸 2년이라는 시간 동안 유일하게 눈물을 흘린 순간이 있다.

빚을 진 후 병원 수술대의 피를 닦고, 설거지를 하고, 화장실 변기통을 닦고, 공사판에서 시멘트를 옮기는 등 하루에 16시간을 넘게 일했다. 새벽부터 저녁까지 일하고 차에서 빵을 먹으며 30분 정도 누워 있다가 다시 일하러 가던 때도 몸은 힘들었지만 심적으로 힘들지는 않았다. 교통사고가 났을 때도, 잼 없이 식빵만 먹으며 배고팠던 때도 견딜 수 있었다.

그러나 내가 일상에 안주하려 했을 때는 정말이지 너무나 가슴이 아팠다. 나도 다른 사람들처럼 똑같이 상처도 받고 힘들어하기도 한다. 그래서 게으른 것으로 치면 타의 추종을 불허할 정도로 빈둥거렸다. 그리고 내 멘탈은 쿠크다스 과자처럼 쉽게 부서졌다. 늘 도전을 이야기했지만 어느새 학창시절의 찌질한, 평균 이하의 삶을 살던 나로 다시 돌아가고 있었다.

모험가가 되고 싶다는 어릴 적 순수한 꿈을 계속 지키려 했지만 현실과 타협하여

'이제 이만하면 충분히 했다.'

'취미로 해도 되겠지.'

라고 스스로 합리화하면서 가슴 뛰는 꿈을 접겠다는 생각을 할 때마다 너무 괴롭고 힘들었다. 하지만 이 또한 내가 조금만 긍정적으로 생각하면 괜찮아질 수 있다고 생각했다.

그렇다면 내가 유일하게 눈물을 흘린 때는 언제일까? 사랑하는 우리 가족을 생각했을 때였다.

세상에서 제일 사랑하는 어머니, 세상에서 제일 존경하는 아버지, 예쁜 동생. 가족들은 돈은 돈대로 쓰면서 매일 어딘가가 다치고 부러지는 나에게 사범대학을 졸업했고 장교 출신이니 그냥 남들처럼 평범하게 살았으면 좋겠다며, 그 정도 하면 되지 않았느냐고 늘 말했다. 하지만 나는 나만 생각하며 내 꿈을 향해 나아가느라 그런 아들을 보며 매일 걱정하고 눈물을 흘리는 어머니 입장은 전혀 생각하지 못했다.

이렇게 늘 노심초사하시던 어머니는 내가 고비사막 마라톤에 참가했을 때 250킬로미터 길이의 사막을 기절하고 진통제를 먹어가면서도 달리고, 발톱이 빠져가면서도 기어코 완주했다는 사실을 듣고 그제야 아들이 가슴 뛰는 꿈에 도전하는 이유를 아셨다고 한다.

나중에 여동생이 말해줬는데 그때 어머니께서 눈물을 많이 흘리셨다고 한다. 그럼에도 불구하고 나에게는 그저 사랑하는 우리 아들, 모험가 최지훈, 늘 응원하고 사랑한다고 메시지를 보내셨다.

예전에는 어머니가 해주신 밥을 아무렇지 않게 먹었는데 호주에 와서 혼자 장을 보고 요리하고 설거지까지 아침 점심 저녁 세 끼를 다 챙기려니 쉽지 않았다. 그래서 사 먹을 때도 많았다. 그러나 우리 어머니는 당신 밥은 그냥 고추장에 나물에 비벼 드시면서 가족을 위해서는 항상 진수성찬 7첩 밥상을 해주셨다. 늘 남편, 아들, 딸이 먹고 싶은 것을 물어보셨고 매일 시장에 가서 장을 봐오셨다. 당신은 대충 먹어도 자식만큼은 맛있는 것을 먹이고 싶고 당신은 못한 것이 많아도 자식만큼은 하고 싶은 것, 배우고 싶은 것 다 하라고 아낌없이 투자하셨다. 나는 그렇게 절대 못할 텐데. 새삼 어머니의 사랑이 떠올랐다.

내가 세상에서 가장 존경하는 우리 아버지는 38년간 중공업에서 일하셨다. 고된 노동으로 20대부터 소화기관이 좋지 않아 지금도 약을 드시고 위암, 당뇨까지 있으시지만 아버지는 한 평생을 우리 가족만 바라보며 쉬지 않고 일하셨다. 사고로 손가락 한마디가 절단되고 철사에 얼굴 곳곳을 찔리는 사고를 당해 1년간 병원에 계신 적도 있었다. 사고 당시 어머니께서 병원에 가보니 아버지가 기름때가 잔뜩 묻은 작업복을 입고 계셨다고 한다. 늘 퇴근하실 때는 깨끗한 옷으로 갈아입고 오셔서 그 모습을 본 어머니께서 눈물을 흘리셨다고 했다. 당시 나는 훈련소에 있었다. 아버지는 아들이 걱정할까 봐 일부러 연락하지 않으셨다. 그래서 이 사실을 반년이 지나서야 알았다.

철없는 나는 서른 살이 돼서야 부모님의 마음을 1퍼센트나마 이해하기 시작했다. 아마 부모님의 사랑은 평생 갚아도 다 갚지 못할 것이고 전부 이해하기도 힘들 것이다.

한국에 돌아가면 2019년에는 가족과 시간을 많이 보내야겠다는 생각을 하며 열심히 일했다. 하지만 정말이지 하루하루가 쉽지 않았다. 어머니께 드디어 꿈을 인정받고 호주에 왔는데 정작 하는 일은 200만 원짜리 중고차 타고 다니면서 설거지하고, 변기통 닦고, 시멘트 나르는 것이 고작이었다. 훌륭한 사람이 되겠다고, 선한 영향력을 미치는 사람이 되겠다고 당당하게 말했지만 계속 부끄러운 모습만 보여드려 마음이 편하지 않았다.

12월 12일, 내 생일이 다가왔다. 그날도 나는 어김없이 소시지 공장에서 일을 했다. 저녁에는 청소를 하러 갔다. 그날 저녁에는 한 회사의 사무실 청소를 했다. 직원들의 개인 휴지통을 비우는 일이었다.

호주 직원들은 웬만하면 다섯 시 전에 퇴근하기 때문에 오후 일곱 시면 남아 있는 직원이 거의 없다. 그래서 여느 때와 똑같이 조용한 사무실에서 휴지통을 비우고 있었다. 당시 나는 돈이 부족해 매일 빵을

먹으며 지냈는데, 청소를 하던 중 직원이 먹다 남긴 빵을 발견했다. 그 순간 수많은 고민을 했다. 먹을까 말까 하는 고민이 아니었다. 먹는 건 당연했고 언제 먹어야 할지 타이밍을 고민하고 있었다. 먹다 남은 머핀이 있는 방을 일부러 계속 맴돌다 야근하던 직원들이 나갔을 때 얼른 책상에 있던 머핀을 주워서 한입에 넣었다. 행여나 누가 볼까 봐 눈치 보면서 목이 막히는데도 불구하고 물도 없이 꾸역꾸역 삼켰다. 그리곤 저녁 한 끼 해결했다며 좋아했다.

집에 가서 씻지도 않고 피곤해서 침대에 누웠는데 가족 단톡방에 영상 하나가 올라왔다. 영상 속에서 어머니와 아버지, 동생이 내 생일을 축하한다며 노래를 부르고 있었다. 나도 내 생일인지 기억을 못하고 있었기 때문에 깜짝 놀랐다. 영상에 찍히는 것이 어색하지만 그래도 아들에게 하고 싶은 말을 하는 어머니, 아버지를 보며 귀여우시다는 생각이 들었다. 하지만 촉촉해진 부모님의 눈가를 보니 내 눈시울도 붉어지기 시작했다. 생일 축하 노래를 다 부른 후에는 항상 건강하고 잘 지내라고, 사랑한다고 하셨다.

불 꺼진 어두운 방에서 그 영상을 본 나는 흐르는 눈물을 주체하지 못하고 펑펑 울었다. 나는 부모님께 늘 걱정만 끼쳐드렸다. 하지 말라는 것만 골라서 하고 남들이 가지 않는 길을 가겠다고 도전하다가 이리저리 다치고 고생하고, 그러다 처음으로 부모님께 모험가로 인정받고 호주로 떠났을 때, 훌륭한 사람이 돼서 돌아가겠다고, 자랑스러운 아들이 돼서 돌아가겠다고 했는데 2년이 지난 지금 가진 것 하나 없고 누가 먹다 남은 머핀을 몰래 먹고 목 막혀 가슴을 치며 삼켰는데도 한 끼 해결했다고 좋아하는 나 자신을 보며 하염없이 눈물을 흘렸다. 돈 못 벌어도 되니까 살다보면 하고자하는 일이 뜻대로 되지 않는 일이 많으니까 일단 몸만 건강하고 행복하게 지내라는 부모님의 말씀에 하염없이 눈물이 흘렀다.

남의 아들들은 다 어디에 다닌다, 저기에 다닌다 하면서 떳떳한 직장을 다 가지고 있고, 자기 아들이 용돈도 주고 명품 가방을 선물해줬다며 자랑하는데 나는 아직 직업도 없고, 모아둔 돈도 없다. 우리 아들이 이렇게 멋지다며 남들한테 자랑할 수 있는 떳떳한 아들이 되고 싶었는데 매일 걱정만 끼쳐드려서 그게 늘 죄송했다. 그래서 호주에서 힘들 때마다 가장 먼저 우리 가족이 생각났지만 아이러니하게도 힘든 것을 제일 말할 수 없는 이들 또한 우리 가족이었다.

이처럼 내가 호주에서 유일하게 눈물을 흘린 순간은 사랑하는 가족을 생각했을 때였다. 어떤 힘든 일이 찾아와도 눈물을 흘리지 않았는데 그때만 생각하면 아직도 마음이 짠하고 눈물이 난다.

이때 내 인생에서 가장 소중한 것은 우리 가족이라는 생각을 많이 했다. 그동안 나는 익숙함에 속아 가족의 소중함을 잊고 살았다. 내 가족이 곧 내 행복이고 내 인생의 중심은 우리 가족인데 말이다. 행복한 가정을 만들려면 우선 내가 행복해야 하고 몸도 마음도 건강해야 한다는 것, 그것이 행복의 시작인데 말이다.

내 가족이 내가 정말 하고 싶은 도전에 반대하면 아무리 중요할지라도 포기할 수 있겠다는 생각이 들었다. 내 도전, 내 꿈보다 내 가족이 소중하고 행복의 본질은 가족에 있음을 알았기 때문이다. 이날 나는 나에게 가족은 내 인생에서 가장 큰 희망이며 내 가족 그리고 미래의 배우자와 아이들이 내 인생의 1순위라는 것, 앞으로도 이 사실을 잊지 말자고 다짐했다.

나에게 죽음과 삶이란

소시지 공장에서 일한 지 10개월 됐을 즈음 친한 친구에게 전화가 왔다. 어떻게 내 이야기를 들었는지 비트코인으로 돈을 다 잃고 또다시 공장에서 일하고 있다는 이야기를 들었나 보다.

친구가 웃으며 말했다.

"너 살아있니?"

잘못됐을까 봐 전화했다고 한다.

"내 걱정은 하지 말고 너나 잘해. 나는 정말 잘 지내고 있다."

"야. 네 이야기 친구들한테 다 들었다. 비트코인으로 돈 다 잃었다며? 작년에는 뭐 실패하고 사고 나서 이것저것 일한다길래 그거 끝나고 한국 돌아올 줄 알았다."

"나도 돌아가려고 했는데 또다시 돈을 잃어서 어쩔 수 없었다."

"야, 정확히 얼마 잃었어?"

"1억 4,000만 원."

"조금도 남기지 않고 다 잃었냐?"

"어. 정말 한 푼도 안 남고 다 잃었다. 50만 원 남은 거 월세비 내고 끝났다."

"네가 사람이냐? 넌 절대 그럴 애가 아닌데 어떻게 된 거냐?"

"다들 그렇게 말하더라. 지훈이는 탐욕에 눈이 멀 사람이 아니라고. 그런데 돈이 절박한 사람 눈앞에 돈이 왔다 갔다 하니 판단이 제대로 서질 않더라. 결국 돈에 사로잡혀 사리분별을 못한 거지. 옆에서 누군가가 그만하라고 말했어도 그때의 나는 오히려 그 사람을 설득해서 투자하라고 했을 거야. 지금 생각해보면 그 당시 나는 1억 4,000만 원이라는 돈을 담을 수 있는 그릇이 아니었다고 생각해. 그러니 다 잃은 것은 당연한 결과다.

그런데 친구야, 나는 지금이 정말 행복하다. 1억 원이 넘는 돈을 가졌을 때 내가 버킷리스트에 뭐라고 썼는지 아니? 2억 1,700만 원짜리 람보르기니 아벤타도르, 100평짜리 정원이 딸린 양평에 있는 주택. 이게 모험가라는 꿈을 가진 청년이 쓸 리스트냐? 그때의 나는 도전을 계속 미루기만 했어. 산악자전거 대회 나가기? 낙차 해서 혹시 잘못되면 내 돈 다 못쓸까 봐 미뤘고, 말 타고 몽골 초원 달리기? 낙마하면 다칠까 봐 미뤘다. 그런데 다 잃고 1년이 지나니 비로소 보이지 않던 것들이 보이더라."

내 가슴속에는 가족들이 모르는 비트코인 계좌가 들어있었고 당시의 나는 분명 가슴이 뛰지 않는 삶을 살았다. 나에게 가슴 뛰지 않는 삶은 죽은 삶이나 다름없는데 말이다.

친구와 대화하던 중 문득 이런 생각이 들었다. 목표를 이루지 못했다고 그것을 실패했다고 말할 수 있는가? 그렇지 않다면 지금까지는 좋은 경험을 한 것이고 이를 바탕으로 훗날 더 큰 도약을 할 수 있을 것이라고 생각하자. 실패를 통해 더 큰 도약을 할 수 있다는 것은 세상이 다 아는 사실이니.

나는 다시 일어서기로 했다. 가슴 뛰는 삶을 위하여!

Part 4
실패를 딛고 다시 일어서다

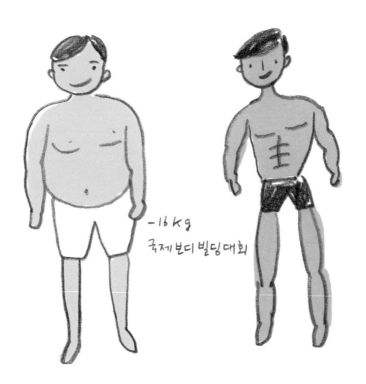

-16kg
국제 보디 빌딩대회

상처는 나를 성장시킨다

'상처는 나를 성장시킨다' 영상 보기

내 삶에서 '실패'라는 단어는 언제나 깨부숴야 하는 것이었다. 그래서 힘든 상황이 닥치면 젖 먹던 힘까지 다해 어떻게든 돌파하며 그렇게 지내왔다. 그런데 내가 아무리 힘을 써도 안 되는 상황이 왔다. 지금까지는 시간이 오래 걸려도 노력하다 보면 다 해결됐지만 이렇게 긴 시련은 처음이어서 결국 굴복할 수밖에 없었다. 멘탈이 나간 것이다.

하지만 시간이 흐르고 뒤늦게 많은 이들의 사랑으로 다시 일어날 수 있었다. 그 후 내가 가장 먼저 한 일은 버킷리스트 목록을 다시 정리해서 도전을 계속하는 것이었다. 그런데 막상 도전을 다시 시작하려니 큰 문제가 생겼다. 그동안 아무것도 안 하고 폭식만 해서 살이 12킬로그램이나 찐 것이다. 거울 속에 비친 나는 그저 흐리멍덩하고 배 나온 아저씨였다.

다시 일어나려면 살부터 빼야겠다는 생각이 들었다. 100일 프로젝트로 운동을 시작했다. 독하게 마음을 먹었다. 오전에 한 시간 뛰고, 저녁에는 세 시간씩 고강도 트레이닝을 했다. 그렇게 주 6일을 운동했다.

운동 중 힘들었던 것은 오늘 10킬로그램을 들면 내일은 11킬로그램을 들어야 한다는 것이었다. 그리고 11킬로그램에 겨우 적응하려하면 12킬로그램을 들어야 하고…… 매번 한계에 다를 때까지 트레이닝을 했다. 팔과 다리를 부들부들 떨면서 이를 악물고 들 수 있을 때까지 중량을 들었는데, 이 고통스러운 느낌을 매일 느껴야 했다.

더 힘든 것은 식단 관리였다. 평소에 떡볶이, 피자, 통닭 등 정크 푸드를 엄청나게 좋아하는 나로서는 하루아침에 갑자기 닭 가슴살과 샐러드만 먹기가 쉽지 않았다. 입이 심심해 블랙커피를 계속 마시면서 배고픔을 달랬다.

이렇게 매일 운동한다면 누구나 포기하고 싶을 것이다. 그러나 나는 그동안의 실패를 딛고 내 삶이 새롭게 변화하기를 정말 간절하게 바랐기 때문에 이번엔 정말 제대로 하고 싶었다. 3개월간 나는 16킬로그램을 감량했다. 정말 지인들이 역대급 before/after 사진이 나왔다면서 눈으로 직접 보고도 믿을 수 없다고 했다.

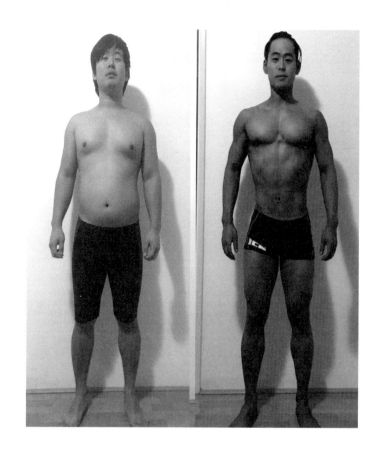

모두의 로망인 '보디 프로필' 촬영도 했다. 버킷리스트에 언젠가 멋진 프로필 사진을 찍어 대형 액자로 만들어서 거실에 걸고 싶다고 적었는데, 꿈이 현실로 이루어진 순간이었다. 그간 3개월간 땀을 흘린 보람이 있었다.

그리고 더 나아가 국제 보디빌딩 대회에도 참여했다. 대회가 눈앞에 다가오자 나는 점점 예민해지기 시작했다. 그동안 인스턴트와 달고 짠 음식에 취해 살던 내가 사탕 하나를 못 먹고 있다니. 저녁마다 배고픈 배를 붙잡고 방울토마토만 하나씩 먹었다. 그러다보니 더욱 예민해져 함께 대회를 준비하던 형과 처음으로 말다툼도 하고 앉아 있다가 일어나면 눈앞에 보랏빛이 보이며 휘청거리기도 했다.

매일이 자신과의 싸움이었다. 어느 순간 이것도 제대로 하지 못한다면 어떠한 꿈도 이룰 수 없다는 생각이 들었다. 그래서 음식이 나를 유혹할 때마다 밖에 나가 이어폰을 꽂고 동네를 뛰었다.

대회 날, 근육으로 덮인 내 모습을 거울로 봤는데도 실감이 나질 않았다. 긴장 때문에 굉장히 떨리기 시작해 긴장을 숨기려 애써 밝게 웃고 손을 흔들며 꿈에 그리던 무대에 올라 그동안 연습한 규정 포즈를 취했다. 정말 꿈만 같았다. 3개월 전의 나는 분명 그냥 배 나온 아저씨 같았는데 그런 내가 보디빌딩 대회까지 나가서 이렇게 많은 사람들 앞에서 포즈를 잡고 있다니…… TV에서만 보던 보디빌딩 대회에 내가 출전하다니……. 근육이 울그락불그락한 선수들과 나란히 무대에 서서 포즈를 잡고 카메라 플래시를 받으며 웃음을 짓고 있다니! 무대에 섰을 때는 긴장돼서 팔이 떨렸지만 그 순간에도 내가 또 하나의 꿈을 이뤘다는 생각에 가슴이 벅찼다. 무대에서 포즈를 잡고 있던 그 순간, 늘 두려움에 부딪쳤던, 패기 넘치던 2년 전의 내 모습이 떠올랐다.

나는 결과에 상관없이 무대를 즐겼다. 쟁쟁한 선수들이 너무 많아 아쉽게도 입상을 하지는 못했지만 하루 종일 입이 귀에 걸려 있었다. 결과는 정말 하나도 신경 쓰지 않았다.

무대에서 내려와 먹은 초콜릿 쿠키는 정말 이 세상에 없었던 달콤

함이었다. 말이 필요 없었다. 3개월간 달달한 맛을 잊고 살아온 내 온 몸에 달달함이 퍼져나갔다. 3개월간 매일매일 고구마, 닭 가슴살만 먹으며 고강도 운동을 견뎌온 시간들을 보상받는 순간이었다. 스스로가 대견하고 사랑스러웠고 세상 모든 것이 아름다워 보였다. 그리고 '나는 역시 두려움에 도전해야 하는구나'라는 생각이 들었다.

보디빌딩에 도전하면서 한 가지 깨달은 사실이 있다. 근육을 크게 키우려면 근육에 내 역량 이상의 과부하를 주면 된다. 그러면 근육 조직이 찢어지면서 상처가 생기는데, 시간이 지나면서 그 상처가 아물고 이전보다 근육이 더 커지는 것이다. 나는 이 이야기를 듣고 큰 충격을 받았다. 상처가 아물면서 근육이 더 커지다니! 상처가 나지 않으면 근육은 성장하지 않고 멈춘다.

나는 이 과정이 현재 내 상황과 비슷함을 느꼈다. 비록 2년 가까이 실패의 늪에서 허우적거렸지만 시간이 흐르면서 실패 덕분에 내면적으로 더욱 견고한 사람으로 성장할 수 있었기 때문이다.

그렇구나! 행복만이 아니라 성장에 상처를 내는 실패 또한 있어야 더욱 성장할 수 있구나!

도전해서 잘 되면 성공이고 잘 되지 않으면 실패인 것일까? 아니다. 잘 되지 않으면 성장이다. 진짜 실패는 시도조차 하지 않아 실패 경험이 한 번도 없는 것이다. 우리는 실패를 통해 새로운 경험, 피드백, 인맥을 만나며 한 단계 성장한다.

그래서 나에게 실패란 나를 성장시키는 도구이다.

누구나 실패를 한다. 그러나 실패 후 어떤 태도를 가지냐에 따라 슬럼프에 깊이 빠질 수도 있고 실패를 인생의 터닝포인트로 삼을 수도 있다. 실패하면 남 탓, 환경 탓을 하며 평생 책임을 회피하고 인정하지 않으려는 사람들은 보지 않아도 미래가 그려진다. 반면 실패가 자신을 성장시켜줄 것이라고 믿는 사람에게는 실패가 오히려 인생의 터닝포인트가 될 수 있다.

내가 생각한 실패를 기회로 만드는 방법은 3단계로, 정말 심플하다.

1. 먼저 세운 계획을 나열하고 세분화한다.
2. 세분화한 계획을 계속 들여다보고 스스로에게 계속 질문하며 어떤 부분이 부족한지 알아낸다. 다음 도전을 할 때 이 부분을 반드시 잊지 말아야 한다.
3. 계획을 어떻게 개선할지 대책을 세운다.

많은 청년들이 실패를 성장의 도구라고 생각하면 좋겠다. 실패는 나를 한층 더 견고한 사람으로 만들어주며 내 삶의 스토리가 되고 역사가 된다. 그리고 타인의 실패에 공감하고 타인을 위로할 수 있는 능력을 길러준다. 진짜 실패한 사람은 시도조차 하지 않아 실패 경험이 없는 사람이다.

두려움의 깊이

'두려움의 깊이' 영상 보기

누구나 두려움을 가지고 있다. 내 두려움의 깊이는 어느 정도일까?

보디빌딩 대회 후 예전의 몸으로 돌아온 나는 버킷리스트를 다시 정리하기 시작했다. 그러던 중 문득 내 시선이 멈춘 버킷리스트가 있었다. 내가 8년 동안 미룰 정도로 가장 두려워하던 것이었다. 모험가 최지훈이 가장 무서워하는 버킷리스트는 과연 무엇일까?

바로 스카이다이빙과 번지점프하기다. 별것 아니라고 하는 사람도 있겠지만 사실 나는 고소공포증이 있다. 예전부터 호텔에 있는 투명 엘리베이터를 못 타서 걸어 올라갈 때도 많았고 2, 3층 높이에서 땅을 봐도 다리가 떨리고 식은땀이 나기 때문에 땅을 쳐다보지 않는

다. 그 정도로 고소공포증이 심하지만 그래도 언젠가는 극복해야 할 과제라고 생각했기 때문에 스카이다이빙, 번지점프를 적었다. 하지만 끝내 이루지 못했다. 그전에는 시간이 없고 국내에 있다는 핑계로 미뤘고 세계여행 중에는 언제든지 할 수 있었음에도 불구하고 결국 하지 못했다.

이 때문에 내 가슴 한편에는 스스로 떳떳하지 못하다는 응어리가 있었다. 하지만 삶의 변화가 간절해서 보디빌딩 대회도 도전했는데 이번만큼은 회피하고 싶지 않았다. 그래서 일단 결제부터 했다.

250킬로미터 고비사막 마라톤도 그렇고 이번에도 그렇고 나는 두려움을 극복하기 위한 방법으로 미리 현금 결제를 하는 편이다. 돈이 아까워서라도 할 수밖에 없는 환경을 만드는 것이다. 현장에서 결제할 수도 있었지만 그때 가면 또 안 할까 봐 인터넷으로 아예 예약을 했다.

그리고 호주 레저의 메카 케언즈로 갔다. 여행도 할 겸 일주일 전에 도착했는데, 여행을 제대로 즐길 수가 없었다. 계속 번지점프와 스카이다이빙이 걱정됐기 때문이다. 밥 먹을 때도 얹히는 느낌이 나고 소화도 안 되고…….

일주일간 걱정만 하다가 번지점프 전날 이런 생각이 들었다.

'아, 괜히 신청했다. 내가 왜 한다고 했을까?'

미리 결제를 해놓기를 잘했다. 만약 돈을 내지 않았다면 아마 뛰지 않았을 것이다.

대망의 번지점프를 하는 날. 50미터 높이 번지대를 향해 계단을 한 칸씩 올라가는데 침이 바싹바싹 마르면서 다리가 후들후들 떨렸다. 결국 옆에 있는 난간을 잡으면서 한 발 한발 내딛었다. 뛰어내리기는 무섭고 앞으로는 나아가야 하는 그 심정이란…… 정말 하늘을 보며 소리를 지를 정도로 미칠 것 같았다.

번지점프대에 올라서니 직원 두 명이 웃으면서 장난을 친다. 아마도 긴장을 풀어주려고 하는 것 같았는데 나는 표정 관리가 되질 않았다. 줄로 내 발목을 묶고 번지대 앞에 섰다. 정말 말도 안 되는 높이였다. 새삼스럽게 도저히 뛰어내릴 수 없는 높이라는 생각이 들었다. 올라갈 때도 높은 것은 알고 있었지만 실제로 올라가보니 그 공포감은 나를 주저앉게 만들 정도였다. 이를 본 직원은 잠시 뒤에서 생각 좀 하고 뛰라고 했다.

1차 실패 5분 후에 다시 번지대에 섰다. 순간 내 삶을 바꾸고 싶다고 생각했던 절박한 기억이 떠올랐다. 내가 이 두려움을 넘지 못하면 어떻게 많은 사람들에게 도전하라고 말하고 두려움을 넘으라고 말할 수 있는가. 번지르르하게 말만 한다고 진정한 동기부여 강사가 될 수 있을까? 나는 말주변은 없어도 진정성을 담아 이야기하고 싶었다. 그러려면 뛰어내려야지. 나는 온 힘을 다해 하늘에 대고 외쳤다.

"나는 선한 영향력을 미치는 사람이 될 것이다. 누가 뭐라도 나는 나만의 길을 간다. 할 수 있다, 최지훈!"

한발 내디뎠다. 정말 아찔했다. 사실 떨어지는 순간은 1초밖에 되지 않는데, 내려가던 중 더 떨어지지 않아 밑을 보니 아직 절반밖에 오지 않아서 굉장히 떤 기억이 난다. 다 내려간 후에는 출렁거리며 수직으로 왔다 갔다 했다. 나는 살았다는 안도감과 해냈다는 기쁨에 힘차게 소리 질렀다.

"I made it! 해냈다!"

번지점프가 끝난 후 정말 감격스러워서 기념 티셔츠, 볼펜, 엽서까지 이것저것 사서 나왔다. 번지점프를 했다는 성취감에 정말 이루 말할 수 없이 행복했다.

그러나 방심은 금물. 내일은 스카이다이빙을 하는 날이다. 그런데 이상하게도 마치 굶은 사람처럼 밥이 끊임없이 들어갔다. 높은 곳에서 떨어지기를 한 번 해봤으니 스카이다이빙에 대한 부담이 덜해졌나 보다. 그리고 그전 일주일 동안 깨작깨작 먹어서 그런지 밥을 한번에 두 공기씩 먹었다.

스카이다이빙하는 날이 다가왔다. 스카이다이버들에게 설명을 듣고 장비를 착용한 후 헬기를 타는데 역시 긴장이 돼 손에 땀이 났다. 헬기는 쏜살같이 위로 계속 올라갔다. '그만 올라가도 될 것 같은데' 하는 순간 더 올라갔다. 밖을 보니 마을이 장난감처럼 보였다. 진짜 내가 뛰는 게 맞나 싶을 정도로 몸이 떨리기 시작했다.

드디어 앞사람부터 차례차례 뛰어내리기 시작했다. 하필 내가 제일 마지막이라니. 사람들이 뛰어내릴 때마다 헬기가 철컹철컹하며 흔들려서 정말 식겁했다.

내 차례가 왔다. 스카이다이버가 나를 미는 순간 그와 함께 엄청난 속도로 떨어졌다. 정신을 차려보니 체감상 빛의 속도만큼 빠르게 에메랄드빛 바다 위로 떨어지고 있었다. 정말 행복했다. 굉장히 재미있었고, 또 그 순간을 내가 즐겼기 때문이다. 스카이다이빙은 한 번 더 시켜준다면 또 하고 싶을 정도로 환상적인 경험이었다.

해변 근처까지 내려가자 낙하산이 펼쳐졌다. 순간 나도 모르게 눈물이 흘렀다. 번지점프, 스카이다이빙을 둘 다 해냈다는 성취감 때문이기도 했지만 더 큰 이유는 후회와 반성 때문이었다. 이렇게 별것 아닌데 나는 이 버킷리스트를 가지고 8년간 혼자 끙끙 앓으며 '나중에 해야지' 하고 걱정만 했다. 그 시간이 너무나 아까웠다. 또 그냥 해보면 됐을 텐데 8년이라는 긴 시간 동안 두려움을 엄청나게 키워온 나 자신이 바보 같고 부끄러웠다. 그리고 안도했다. 절박함이 없었다면 평생을 고민만 하고 미뤘을지도 모르는데, 지금이라도 해서 참 다행이다 싶었다.

무언가를 얻으려고 깊이를 알 수 없는 강을 건너야 한다면 걱정이 될 수밖에 없다. 문제는 시간이 지날수록 두려움이 점점 커져 이런 생각을 하게 된다는 것이다.

'구명조끼 입고 뗏목을 타고 건너야지.'

'아니야, 뗏목 말고 튼튼한 배를 타고 건너야지.'

'아니야, 비행기 타고 건너야지.'

이렇게 스스로 거대한 장벽을 만들고 만다.

하지만 일단 한 발짝, 두 발짝 내디디면 강물의 높이가 무릎까지밖에 오지 않는다는 것을 알 수 있고, 그 후로는 쉽게 강을 건널 수 있다.

번지점프와 스카이다이빙을 하면서 두려움의 실체는 존재하지 않음을, 내가 믿는 크기가 두려움의 크기임을 깨달았다. 생각이 많아지면 두려움의 깊이는 깊어진다. 그러니 일단 한 발짝 내디디자. 그러면 두려움의 깊이가 무릎까지밖에 오지 않음을 알 수 있을 것이다.

두려움은 회피해야 할 감정인가 마주해야 할 감정인가? 지금까지는 회피한 적이 더 많았다. 나는 지금도 낯선 사람에게 길 물어보기를 잘 못한다. 제품에 문제가 생기면 상담사에게 하자를 말하기가 괜히 미안하고 이상하게 두렵다. 무언가 부탁을 할 때는 거절당할까 봐 두려워진다. 물이 두렵고, 높은 곳이 두렵고, 어떤 직업을 가져야 할지, 미래에 어떻게 먹고살지도 두렵다. 이런 크고 작은 두려움은 항상 짝꿍처럼 내 옆을 따라다닌다. 그리고 두려움과 마주하는 순간 내 가슴은 미친 듯이 요동친다.

두려움과 마주하는 일은 누구나 피하고 싶을 것이다. 그러나 나는 이렇게 정의하고 싶다. 두려움에 마주했을 때 우리의 가슴은 뛸 것이고, 이것이 곧 내가 생각하는 가슴 뛰는 삶이라고. 두려움과 마주할 용기가 있다는 것만으로도 우리는 이미 가슴 뛰는 삶을 살고 있다고 말하고 싶다.

나는 많은 도전을 통해 결과는 중요하지 않다는 사실을 깨달았다. 결과가 우리를 가슴 뛰게 하는 것이 아니다. 결과를 위해 힘껏 나아가는 그 과정이 우리의 가슴을 뛰게 만든다. 두려움을 넘어 도전을 하는 그 순간이 중요하다. 머리로만 인지하고 있던 '결과보다 과정이 중요하다'는 말이 이제야 가슴으로 와 닿기 시작했을 것이다. 우리는 두려움과 마주했다는 것만으로도 용기 있는 사람이며 이미 가슴 뛰는 삶을 살고 있는 것이다.

거친 바람에 나를 던져라

'거친 바람에 나를 던져라' 영상 보기

새가 잘 날려면 잔잔한 바람이 좋을까 거친 바람이 좋을까?

나는 새처럼 하늘을 자유롭게 날고 싶다는 꿈을 가지고 있었다. 그래서 긴 시간이 흐른 후 드디어 고소공포증을 극복하고 번지점프와 스카이다이빙에 도전했고, 새처럼 하늘을 자유롭게 비행하는 패러글라이딩도 해보기로 결심했다. 번지점프와 스카이다이빙은 내 의지대로 움직일 수 없지만 패러글라이딩은 4차원 공간에서 내가 가고 싶은 데로 갈 수 있으니 정말 새처럼 나는 기분이 들지 않을까 싶었다.

마음을 먹자 과정은 순식간에 진행되었다. 일단 패러글라이딩 강사에게 전화로 상담을 한 후 비용을 결제하고 미팅 날짜를 잡았다. 그리고 바로 훈련을 시작했다. 지상훈련만 반복하다 바람을 가르며 하늘을 난 그날을 잊을 수 없다.

패러글라이딩을 하면서 잔잔한 바람만 불면 내가 크게 방향을 조정할 일이 없음을 알았다. 그러나 바람이 세게 불기 시작하면 나도 긴장한 채 이리저리 중심을 이동하는 등 분주해진다. 이렇게 조정을 해보면서 강한 바람에 익숙해지고 실력이 성장하는 것이다.

잔잔한 바람은 나를 노련한 패러글라이더로 만들어 줄 수 없다. 그러니 지금 인생이 잔잔한 바람을 타고 있다면 한 번쯤 거친 바람에 몸을 내던지면 좋겠다. 그러면 우리가 몰랐던 또 다른 세계를 만날 수 있을 것이고, 분명 성장할 것이다.

내 생각에 성공은 행동의 변화에서 나온다. 배움에서 끝내지 않고 배운 것을 의식하고 더 나아가 행동을 해야 한다는 말이다. 책을 수백 권씩 읽어도 똑같은 사람이 있다. 이는 머리로만 알고 행하지 않기 때문이 아닐까?

나는 의식하고 행동으로 실천해야만 비로소 가치 있는 배움이라고 생각한다. 내가 가진 생각이 내 정신과 몸에 스며들고 행동에 그대로 드러나도록 말이다. 그리고 내가 과거에 행동해온 결과가 지금 내 모습이자 미래의 모습이라고 본다.

나는 지금까지 배운 것을 얼마나 행동으로 옮겼을까? 살면서 무언가를 이루기 위해 눈물 날 정도로 치열하게 노력해본 적이 있을까?

없다면 오늘부터 행동으로 옮기자! 작은 것부터 하나씩 점을 찍으면서 선을 만드는 연습을 해보자. 훗날 완성될 나만의 멋진 그림을 상상하면서!

100가지가 넘는 크고 작은 꿈에 도전하면서 한 가지 깨달은 사실이 있다.

누구나 성공을 간절히 원하고 멋진 삶을 꿈꾸고 있다는 것, 몰라서 안 하는 것이 아니라는 것. 그렇기 때문에 다짜고짜 '너의 꿈에 도전해라'라고 말하는 것은 뜬구름 잡는 이야기가 될 수도 있다. 목표를 잘 이루는 사람은 천부적으로 타고났고 목표를 잘 못 이루는 사람은 의지가 약하다는 말은 잘못됐다는 뜻이다. 우리가 목표를 향해 열심히 달리지 못하는 이유는 게을러서가 아니라 동기부여가 제대로 되지 않아서다.

외나무다리를 건너면 10억 원을 가질 수 있지만 죽을 확률이 절반이라고 하면 건널 사람이 있을까? 건너는 사람도 있겠지만 포기하는 사람도 많을 것이다. 그러나 자기 아이가 건너편에 있으면 누구든 무조건 건너려고 할 것이다.

이처럼 상황이 절박하면 누구나 열심히 하게 된다. 그러므로 할 수밖에 없는 상황을 만들어야 한다.

어떻게 하면 효과적으로 절박한 상황을 만들 수 있을까?

1. 전문가에게 문의해서 가이드라인을 제시받는다.
→ 혼자 끙끙 앓지 말고 일단 관련 분야 전문가에게 이렇게 해보고 싶어서 문의했다고 자기 생각을 이야기하고 피드백을 받는 것이 중요하다. 이처럼 시작 전에 개인적으로 정보를 찾거나 전문가에게 상담을 받아 머릿속에 미리 원하는 그림을 생각해두어야 한다.

2. 돈을 쓴다. 그럼 아까워서라도 하게 된다.

3. sns에 선포한다.

→ sns에 알리면 보는 사람들이 있기 때문에 꾸준히 하게 된다. 그리고 내 꿈을 선포하고 다니면 다양한 기회가 찾아오는 경우가 많다. 단, 무분별하게 남용하면 줏대 없는 사람으로 보여 오히려 역효과가 나니 조심해야 한다.

4. 목표를 5등분, 10등분으로 쪼갠다.

→ 큰 목표만 덩그러니 적으면 막연해서 의지가 생기지 않는다. 예를 들어 한 달에 4킬로그램 감량을 목표로 한다면 일주일에 1킬로그램 감량을 눈앞의 목표로 두고 일일 목표(운동 한 시간 하기)를 더 앞에 둬야 한다.

5. 가치관이 맞는 사람들과 함께 한다.

→ 가장 효율적인 방법이다. 함께 꿈을 이루고 나눌 사람들을 찾는 것이다. 서로 피드백도 주고받고 격려와 응원을 받으면 불가능한 것도 가능해진다. 함께 하면 결과는 더욱 빛나고 더 오래간다.

나만의 꽃이 피는 시기가 있다

"앞으로 뭘 먹고살아야 하나?"

20대의 나는 이 말을 습관처럼 달고 다녔다. 내 주위에는 다들 취업 준비도 잘하고, 실제로 취업을 하기도 하고, 안정적인 직장을 가지고 결혼까지 한 친구들도 있었다.

'그런데 나는? 지금 뭐하고 있는 거지?'

남들은 각자 제 갈 길 찾아서 열심히 사는데 하고 싶은 것도 딱히 없고 목표도 없으니 늘 초조하고 위기감이 들었다. 의식을 하지 않으려 해도 계속 지인들의 눈치가 보였다. 자격지심이 생긴 나는 답답한 마음에 무작정 밖으로 나갔다. 목적지 없이 걷고 또 걷다가 벤치 공원에 멍하니 앉아있었다. 눈앞에서 벗나무들이 나를 보며 인사하듯 살랑살랑 흔들렸다. 잔잔한 봄 내음과 함께 내 마음도 톡 쏘는 사이다처럼 뻥 뚫렸다. 벗나무를 우두커니 바라보고 있으니 봄바람과 악수한 벗꽃잎이 우수수 흩날리며 아스팔트 위에 떨어졌다. 컴컴한 아스팔트길이 분홍빛으로 물들기 시작했다.

그런데 아직 피지 않은 꽃봉오리들이 보였다. 지금은 분명 꽃이 활짝 피어 있거나 곧 질 시기인데 아직 꽃봉오리가 있다니?

그 꽃봉오리가 마치 나처럼 느껴졌다. 나는 꽃봉오리 벗꽃에게 물었다.

"너는 언제 꽃이 피니?"

일주일이 지나고 다시 그 벗꽃나무 앞에 섰을 때는 이전에 핀 벗꽃은 대부분 떨어졌지만 대신 그때 피지 않은 꽃봉오리가 활짝 피어있었다. 지나가던 사진동호회 사람들이 그 꽃에 포커스를 맞추고 연신 셔터를 누르고 있었다. 그 순간 깨달았다.

'아! 지금의 나는 남들보다 느려서 아직 꽃이 피지 않았지만 훗날 꽃이 피면 많은 사람들에게 사랑받을 수 있겠구나!'

한 나무에서도 꽃봉오리가 피고 지는 시기가 제각각 다른데 분명 나만의 시기가 있을 것이다! 그러니 지금 내가 꽃 피지 않았더라도 일희일비할 필요가 없다. 아직 때가 아닌데 남들이 핀다고 억지로 피려 하면 꽃이 정상적으로 피겠는가? 가는 방향만 올바르다면 나만의 페이스로 나아가면 되는 것이다.

오래전부터 나는 남들보다 항상 느렸다. 배우는 것도, 말하는 것도, 행동도 매사 하는 것마다 느린 느림보 거북이었다. 빨리 토끼를 따라가려고 발버둥 쳐본 적도 있었다. 그러나 그럴수록 정글 늪에 빠진 채 허우적거리며 더욱 깊이 빠지기만 했다. 실수가 잦아졌고 남들보다 뒤처진다는 생각에 스트레스가 이만저만이 아니었다.

하지만 돌이켜보면 나는 비록 느림보 거북이지만 남들에게는 없는 나만의 강점을 가지고 있었다. 이 능력을 키우면 나만의 고유한 색을 가질 수 있었다. 왜 나만의 매력을 등한시하고 타인을 따라하기에만 급급했을까? 스스로 반성했다.

전 세계 60억 인구가 저마다 생김새도 성격도 다르다. 우리는 그 누구도 자신을 모방할 수 없는 각자의 개성을 가지고 태어났다. 그러나 지금 청년들은 대중이 가는 길을 목표도 없이 모방하며 안정만을 추구하려 한다. 오히려 은퇴하는 기성세대가 제2의 삶을 꿈꾸고 도전하는 모순적인 사회구조가 되어버렸다.

나는 20대 청년 모두가 60억 분의 1의 매력을 발산하는 사람이 되었으면 좋겠다. 더 이상 누군가가 나를 알아주기만을 바라지 말고 '나다움'을 가꿨으면 좋겠다. 그러면 좋은 사람들이 꽃향기를 맡은 꿀벌처럼 나에게 다가오니 말이다.

서른이 돼서야 이 사실을 깨달은 나는 지금도 느림보 거북이다. 여전히 많은 실수를 하고 자주 넘어지지만 남들이 가지 않는 길을 가고 있다. 더 이상 타인이 원하는 삶을 살지 않기로 다짐했기 때문이다. 많은 비난에도 불구하고 이런 결정을 내리기까지 나만의 색을 잃지 않으려 인내하고 또 인내했다. 그 덕분에 드디어 꿈꾸던 동기부여 강연을 하고 있고 눈물을 흘리며 세상을 가슴 뛰게 하겠다던 8년 전의 맹세를 지키기 위해 꿈의 출발선 앞에 서 있다.

취업 준비? 남들보다 오래 할 수도 있다. 취업했다가 이직할 수도 있다. 아직 하고 싶은 것이 없을 수도 있다. 결혼? 늦게 할 수도 있다. 돈이 없어 힘들 수도 있고 지금 이 순간에도 괴롭고 불행할 수도 있다. 그렇지만 묵묵히 나만의 길을 가며 포기하고 싶은 순간에도 참고 인내하면 언젠가 꽃이 필 날이 올 것이라고 믿는다. 그리고 그 꽃은 어떤 꽃보다도 향기롭고 아름답게 필 것이다. 이 글을 읽고 한 사람이라도 가슴이 뛴다면, 그것만으로도 정말 행복할 것 같다.

오늘도 내가 가는 길이 가슴 뜨거운 청춘들에게 희망이 되길 바라며 진심을 담아본다.

새로운 직업을 꿈꿀 때는 리스크가 너무 큰 직업은 선택하지 않기를 바란다. 리스크가 큰 도전을 하다 내 삶 전체가 흔들린 적이 몇 번 있었기 때문이다. 가장 안전한 방법은 고정적인 수입을 얻으면서 장기적으로 틈틈이 준비하다 시간이 지나 꿈에 전문성이 생기고 수익화가 가능해지면 그때 도전하는 것이다. 나는 고생은 고생대로 하고 이제야 이렇게 하려고 한다.

다음 세 가지가 부합해야 이상적인 직업을 선택한 것이라고 생각한다.

1. 이 분야에서만큼은 최고가 되겠다 할 정도로 잘할 수 있는 것
2. 고통이나 시련을 감수하면서 끝까지 할 정도로 좋아하는 것
3. 사람들에게 도움이 되는 가치 있는 일을 하는 것. 그래야 돈을 벌 수 있다.

누구나 좋아하는 것, 잘할 수 있는 것은 쉽게 고를 수 있다. 결국 시장성이 문제다. 내 경우 좋아하는 것은 도전, 잘할 수 있는 것 또한 도전이었다. 그런데 누군가가 개척한 시장이 없어 도전만으로는 돈을 벌 수 없었다. 그렇다면 내가 시장성을 만들어야겠다고 생각했다. 그렇게 노력하고 또 노력해서 지금은 도전을 바탕으로 동기부여 강연을 하고 있고 105번째 도전으로 책 출간을 위해 에세이를 쓰고 있다.

물론 남들이 가지 않는 길을 개척하는 일은 정말 쉽지 않다. 자신이 좋아하는 것이 말도 안 되는 것일 수도 있다. 하지만 어떻게든 고민하고 노력하면 그 분야의 시장성을 찾을 수 있을 것이고 그것이 자신만의 직업이 될 수 있을 것이다.

인간의 뇌는 언제든 원하는 방향으로 변할 수 있다. 자신이 되고자 하는 모습을 끝없이 반복해서 상기시키면 내가 과거에 어떤 삶을 살았다 해도 바뀔 수 있다.

문제는 많은 사람들이 자신이 되고픈 것이 아닌, 타인이 원하는 자신을 토대로 뇌를 길들인다는 점이다.

인생에는 정답이 없다. 그러니 정답이 없음을 두려워하지 말자. 내가 원하는 내 모습은 나 자신 외에는 그 누구도 알 수 없고 누구도 무엇이 옳은 답인지도 단정 지을 수 없다. 그러니 이제부터는 타인이 바라는 내 모습이 아닌 내가 바라는 내 모습을 그리자. 하루도 빠짐없이 되뇌고, 말하고, 표현하고, 행동하자. 마치 내가 원래부터 그런 사람인 것처럼.

자신만의 선언문을 만들어보자. 그리고 아침마다 읽어보자. 하루가 달라질 것이다.

나는 매일 외친다.

"나는 선한 영향력을 미치는 미소가 매력적인 사람이다! "

일어나서 10번, 자기 전에 10번.

Part 5
선한 영향력을 미치는
메신저를 꿈꾸다

나는 선한 영향력을
미치는 미소가
매력적인 사람이다.

젠가 게임의 교훈

나는 다시 가슴 뛰는 꿈을 찾기 위해 무엇을 해야 할지 고민하기 시작했다. 일단 내가 지금까지 한 것을 정리해보니 참 많은 도전을 해왔다는 생각이 들었다. 나도 참 치열하게 살아왔구나.

그러나 문제는 이 도전들이 내 생계와 직접적인 관련이 없다는 것이었다. 남들이 정말 대단하다고 생각하는 도전을 해왔지만 정작 나에게 물질적으로 도움이 되는 것은 없었다. 도전을 하면서 나는 내가 분명히 성장하고 있음을 느꼈지만 현실은 모은 돈 하나 없는 백수였다. 어떻게 보면 나만의 정신 승리였을 수도 있다는 생각이 들었다.

내 이상과 현실은 늘 부딪쳤다. 나는 몽상가처럼 이상만 좇은 사람의 밝은 미래를 보여주고 싶었다. 나 같은 미친놈도 있어야 세상이 재미있지 않을까라는 생각을 가지고 있었기 때문이다. 좋아하는 일에 끝까지 도전하는 미친놈의 해피엔딩을 보여주고 싶었다. 좋아하는 일에 정말로 집중하고 진심을 다하면 분명 좋은 결과가 있음을 보여주고 싶었다.

한 번은 친구들과 보드게임을 하러 갔다. 보드게임 하면 대표적으로 떠오르는 바로 그 게임! '젠가'를 가장 먼저 했다. 다들 한 땀 한 땀 자기만의 노하우로 젠가 탑에서 조심스럽게 나무 조각을 빼냈다. 젠가를 해 본 사람은 알겠지만 처음에 몇 개는 막 빼도 탑이 끄떡없이 견고하게 서 있지만 어느 시점이 지나면 아주 살짝만 건드려도 외줄 곡예를 하듯 아슬아슬하게 흔들린다. 이쯤 되면 나도 모르게 숨까지 멈춰가며 게임에 임하게 된다. 분명 사소한 게임인데도 말이다.

몇 번 턴이 돌면 아~주 심혈을 기울여 빼는데도 어느 순간 젠가 탑이 무너지고 "와!" 하는 탄성과 함께 순식간에 나무 조각이 여기저기 널브러진다.

하지만 흩어진 나무 조각들은 곧 다시 모인다. 젠가 박스에 조각을 차곡차곡 넣고 뒤집어 박스만 위로 살살 빼면, 짜잔! 예쁜 젠가 탑이 다시 완성된다.

다시 게임 시작!

나무 탑 앞에서 다들 다시 한 번 경쟁심을 불태우려는데 누군가 한 나무 조각에 적힌 'Jay'라는 글씨를 포착했다. 그러자 친구들이 입을 모아 갑자기 노래를 부르기 시작했다. 가수 이선희의 'J에게'였다. 내 영어 이름이 'Jay'이기 때문이다. 이 뜬금없음에 나도 멋쩍게 웃음을 터뜨리다 문득 이 젠가 탑이 의미심장하게 다가왔다.

그날 밤, 자려고 침대에 누웠는데 머릿속에 'Jay'가 적힌 젠가 탑이 다시 떠올랐다. 나무 조각들이 하나하나 쌓여 다시 탄탄하게 세워지는 젠가 탑. 이 탑에 내가 처한 상황을 투영해보았다. 정리되지 않은 나무 조각이 산만하게 널브러진 내 '경험' 같았다. 그렇다면 지금 내가 해야 할 일은 나무 조각을 모아 견고하게 나무 탑을 쌓듯 내 경험들을 잘 제련해서 차곡차곡 모으는 것이 아닐까 싶었다. 흩어진 경험을 그대로 방치하면 널브러져 있는 나무 조각에 불과하지만 이 조각들을 잘 모아 정리하면 '나'라는 멋진 나무 탑이 완성되는 것이다.

이 생각은 지금 나에게 어떤 경험 조각들이 있는지, 지금 내가 이 조각들을 반듯하게 쌓고 있는지 돌아보게 했다. 덩달아 '과연 어떻게 해야 내 탑을 더 높게 높게 쌓을 수 있을까?'도 고민하게 됐는데, 궁리 끝에 도움이 될 만한 두 가지 방법이 떠올랐다.

첫 번째. 경험이라는 나무 조각을 더 많이 만든다.

두 번째. '내 그릇'에 대입되는' 젠가 박스' 자체를 더 크게 넓힌다.

이 두 가지는 동시에 이루어져야 한다. 아무리 나무 조각이 많아도 젠가 박스가 작으면 다 담을 수 없고, 젠가 박스가 아무리 커도 정작 넣을 수 있는 나무 조각이 적으면 견고한 나무 탑을 쌓을 수 없기 때문이다.

스스로에게 물어보았다. 나는 지금 경험 조각을 잘 정리하고 있는지, 아니면 널브러진 채로 방치하고 있는지. 또 내 젠가 박스는 어느 정도 크기인지, 그 박스를 넓히기 위해 어떤 노력을 하고 있는지.

젠가 박스에 나무 조각을 꽉 채우면 견고한 젠가 탑이 세워지듯 경험의 조각을 모아 사람들에게 튼튼한 희망을 줄 수 있는 사람이 되고 싶다.

세상을 가슴 뛰게 하자

추운 겨울날, 어선에서 일할 때의 일이다. 나는 한동안 우락부락한 아저씨들과 함께 새벽에 고기를 운반하는 작업을 했다. 네 시간 정도 일하는데 페이가 세서 힘들지만 이 일을 선호했다.

고기를 운반하느라 온몸과 얼굴에 생선 비늘 가루가 다 묻고 허리는 끊어질 것 같고 팔에 힘이 없어 숟가락 들기도 힘든 날이 있었다. 발가락이 너무 시려워 꼼지락대던 기억이 난다. 마침 크리스마스였다. 누더기 작업복을 입고 땀과 생선 비늘 가루로 범벅이 된 나는 하늘에서 내리는 눈을 보고 그래도 눈이 온다며 좋아했다. 알고 보니 휘날리는 것이 눈이 아닌 생선 비늘 가루라는 사실을 알았을 때의 먹먹

한 감정은 8년이 지난 지금도 생생하다.

이렇게 고된 일 속에서도 유일한 낙이 있었으니, 중간에 먹는 빵과 컵라면이었다. 얼마나 꿀맛인지 늘 야참 시간을 기다렸다. 이 시간이 있어야 저린 팔도 어느 정도 회복이 되기 때문이었다.

야참 때마다 나는 아저씨들에게 내 꿈을 이야기했다. 어느 날, 한 아저씨가 내 이야기를 웃으면서 듣다 갑자기 표정이 어두워지더니 아무런 반응 없이 가만히 있다가 눈물을 흘렸다. 의외의 반응에 깜짝 놀란 나는 무슨 일이냐고 물어보았다.

그러자 아저씨께서 "네 이야기를 들으니 만감이 교체한다. 처음에는 그냥 별난 애인 줄 알았는데 끝까지 들어보니 부럽다는 생각이 들었어. 나는 왜 저렇게 치열하게 살지 못했나, 누군가의 꿈을 위해 노력한 적이 한 번이라도 있었나, 왜 나는 하고 싶은 것을 지금까지 망설였나……. 후회가 된다. 나도 20대에는 가슴 뛰는 꿈이 있었지만 취업 준비하고, 결혼하고, 아이도 생기며 가장의 무게에 눌려 포기했다. 사업도 망하고 하루하루 먹고살기 바쁘다 보니 어느새 뜨겁던 내 꿈을 가슴속에 묻어두고 살았다. 그런데 네 이야기를 들으니 지금이라도 다시 해보고 싶다. 내 꿈은 그림을 그리는 것이었다. 지금이라도 시작하고 싶다"라고 말씀하셨다.

나도 순간 울컥해 눈시울이 붉어졌다. 그리고 아저씨에게 말했다.

"아저씨, 지금은 제가 가진 것 하나 없지만 훗날 세상을 가슴 뛰게 하는 사람이 되겠습니다."

이때 나는 내가 성취감을 얻을 때보다 누군가에게 도움이 될 때 더 행복하다는 사실을 깨달았다. 행복은 사람과 사람 사이의 관계에서 누군가에게 힘이 될 때 그리고 그 힘을 함께 나눌 때 생기는 것이었다.

그리고 누구나 각자의 스토리를 가지고 있기 때문에 개개인의 평범한 경험도 누군가에게는 희망이 될 수 있음을 알았다. 대단한 사람만이 희망을 줄 수 있는 것이 아니었다.

'아, 그렇구나! 내가 지금의 힘든 상황을 멋지게 이겨낸다면 이 이야기가 또 누군가에게 희망이 될 수 있겠구나!'

100명 중 단 한 명에게라도 희망을 줄 수 있다면 그것이 내가 도전해야 하는 이유라는 것 또한 깨달았다.

이때부터 나는 도전을 하지 않는 사람들이 도전할 수 있게 해주고 가슴이 뛰지 않는 사람들의 가슴을 뛰게 해주는 선한 영향력을 미치는 사람이 되기로 다짐했다. 강연을 하겠다는 꿈이 버킷리스트에 추가되었고, 8년이 지난 후 이 꿈을 이룰 수 있었다.

가슴 뛰는 편지

비트코인으로 전 재산을 잃고 뼈저린 교훈을 얻은 나는 다시 일어나기로 결심했다. 그래서 8년 전부터 간직해온 '강연'의 꿈을 이루고자 강연 커뮤니티를 운영하는 대표님께 장문의 편지를 보냈다.

존경하는 청춘 도다리 윤효식 대표님께

안녕하세요. 대표님! 가슴 뜨거운 청년 모험가 최지훈이라고 합니다. 제 꿈은 '대한민국 1호 모험가'입니다. 제가 초등학교 4학년 때 담임선생님께서 자신의 꿈을 적어보라고 말씀하신 기억이 납니다. 그때 제 친구들 대부분은 어떠한 장벽도 생각하지 않고 과학자, 대통령 등 순수하게 꿈을 적었습니다. 저는 '모험가'라고 적었습니다. 제가 모험가라고 쓴 이유는 불가능하다고 생각한 일을 하나씩 이루고 나 자신의 한계를 극복해 많은 사람들에게 용기를 주는 것이 굉장히 매력적으로 다가왔기 때문입니다. 정말 대단하다는 생각을 했고 더 나아가 나도 저렇게 되고 싶다는 생각을 했습니다.

그러나 시간이 지나면서 오로지 암기를 강요하고 학업 성적만 중요시하는 사회에 물들어가기 시작했습니다. 대통령, 과학자, 모험가 등의 직업을 갖는 것이 현실적으로 불가능하다는 생각을 했고 실업계는 절대 안 된다는 주위 환경에 휩쓸려 인문계 고등학교에 진학했습니다.

이 다음은 말씀드리지 않아도 잘 아실 것이라고 생각합니다. 내가 무엇을 해야 할지 목표도 모른 채 새벽까지 야간 자율학습을 했고 아침 여섯 시에 일어나 공부를 시작하는 기계 같은 생활이 반복되었습니다. 꿈과 목표가 없다는 사실에 비참했지만 더욱 비참했던 것은 '내가 왜 이러고 있지'라는 자각도 하지 못하고 '원래 이렇게 사는 게 정답이구나' 하며 아무런 생각 없이 지냈던 나날이었습니다. 사실 저는 운동을 좋아하고 미술과 음악, 자연을 사랑하는 학생이었지만 제가 무엇을 좋아하는지 잊고 살았습니다. 남들도 똑같이 밤 늦게까지 야자하고 새벽에 입시학원 다니고 암기할 내용은 외우니까 원래 그렇게 살아야 하는 줄 알았습니다. 그 누구도 '네 인생을 살라'고 말해주지 않았습니다.

저는 공장에서 찍어내는 인형처럼 타인에 의해 모양이 만들어졌고 색칠, 포장, 유통, 판매까지 인생의 순서가 정해져 있었습니다. 당시에는 아무런 생각이 없었지만 지금 생각해보면 정말 비참한 일입니다. 그리고 정말 어이가 없습니다. 내 인생의 순서와 방향이 정해져 있다니, 그것도 순전히 타인이 정하고 있다니. 뒤늦게 이 사실을 깨달은 저는 타인이 만든 공장 같은 틀을 깨고자 노력했지만 남들과 다른 길을 걸으려 한다는 이유로 '다른 길'이 아닌 '틀린 길'을 걷는 사람 취급을 받아야 했습니다.

무언가 가슴 뛰는 일을 하려고 하면 그게 네 인생에 도움이 되냐, 네 미래의 직업에 도움이 되냐, 인생을 더 살아봐야 한다고 합니다. 저 또한 어느새 지인들에게 '조언'이 아닌 '허락'을 구하고 있었습니다. 그래서 한두 명이 반대를 하면 스스로 안 될 것이라고 단정 짓고 시도도 하지 않았습니다. 그렇게 모두가 생각하는 길이 '옳은 길'인듯 시나브로 동화되었습니다. 이대로 대학을 졸업하면 무엇을 해야 할까요? 대표님도 잘 아실 겁니다. 졸업을 하면 이제는 전장처럼 치열한 취업 전선에 들어갈 차례입니다.

저는 제가 승진하려면 경쟁률을 뚫고 누군가를 밟고 올라야 하는 경쟁 시스템이 너무 싫었습니다. 저는 늘 함께 꿈을 나눠 윈-윈 게임이 되기를 원했고, 남들은 못하지만 나만이 할 수 있는 일을 하는 개성 있는 사람이 되고 싶었습니다. 그렇게 된다면 지금처럼 과열된 경쟁 사회가 조금은 나아지지 않을까 생각했습니다. 저는 일생에 한 번뿐인 20대 청춘을 평범하고 안정적으로 보내고 싶지 않습니다. 먼 훗날, 20~30년 후에 제 20대를 돌아본다면 도전하지 않은 것에 대해 굉장히 후회할 것 같습니다. 그렇기 때문에 무모하지만 일단 부딪치려 하고 모두가 안될 것이라고 말하는 일에 도전하려 합니다. 저의 20대는 아직도 많이 부딪쳐 봐야 하고 많은 실패와 시련도 겪어봐야 합니다. 그래서 넘어져도 다시 일어나는 법을 스스로 깨달아야 하고 어떠한 고비가 찾아와도 담담하게 받아들일 수 있는 견고한 멘탈을 얻어야 합니다. 100세 시대라고 하는데 취업 조금 늦으면 어떻고 결혼 조금 늦으면 어떻습니까? 왜 20대 중반은 취업 준비를 해야 하고 왜 30대는 결혼을 하고 차와 집을 마련해야 하나요?

가슴 뛰는 꿈에 달려가다 보면 남들보다 빠를 수도 있지만 남들보다 느릴 수도 있다고 생각합니다. 그런데 많은 분들이 군대는 언제 가니, 취업은 언제 하니, 결혼은 언제 하니, 집은 언제 사니, 아기는 언제 낳니 등 그 나이에 맞다고 생각하는 틀에 맞추어 질문을 합니다. 다 자신만의 때가 있고 한 나무의 꽃봉오리조차도 저마다 피고 지는 시기가 다른데도 말입니다.

저는 어릴 적 푸른 바다에서 헤엄치는 힘찬 고래가 되어야겠다고 생각했지만 시간이 지날수록 어항 속의 병든 금붕어가 되어가고 있습니다. 어항 속의 세상만이 내가 아는 세상이라고 단정 짓고, 여긴 어딘지, 나는 누군지, 왜 존재하는지 모르는 그런 금붕어 말입니다. 이 금붕어는 불과 몇 년 전의 저였습니다.

그러나 지금의 저는 예전과 다릅니다. 저는 지금까지도 어릴 적 순수한 꿈인 '모험가'를 가슴에 품고 있습니다. 드넓은 바다에서 남들이 경험하지 못한 것을 보고 느끼며 거친 파도를 힘차게 나아가는, 무모하면서도 패기 넘치는 거대한 고래가 되는 상상을 해봅니다.

저는 현재 세계여행을 하며 불가능하다고 생각했던 가슴 뛰는 꿈들을 하나씩 이루고 있습니다. 이러한 꿈들은 매스컴에서 나오는 대단한 사람들만이 할 수 있는 거라고 생각했습니다. 그러나 저는 매일 밤마다 가슴 뛰는 꿈을 상상해왔고 그 결과 하나씩 이룰 수 있었습니다. 그리고 깨달았습니다. 무엇이든 해보면 생각보다 쉽구나!

앞으로 저는 이전보다도 더욱 말도 안 되는 것들을 할 예정입니다. 먼 훗날 무동력 남극횡단이나 개썰매를 타고 북극 횡단도 하고 싶고 책 출판, 매스컴 출연, 전국 강연 활동을 하며 선한 영향력을 나누어주는 사람이 되고 싶습니다. 모두가 미쳤다고, 불가능하다고 말하지만 저는 도전하는 것만으로도 가치가 있으며 진심을 다하면 간절한 꿈은 반드시 이루어진다고 생각합니다.

대표님께서 강연 무대를 마련해주신다면 비록 강연 경험은 없지만 진심을 다해서 준비하겠습니다. 잔잔한 나비의 날갯짓이 큰 파도를 일으키듯 제가 이번 강연을 통해 훗날 선한 영향력을 미치는 사람이 될 수 있도록 도와주시면 감사하겠습니다. 바쁘신 와중에 긴 글 읽어주셔서 감사합니다.

— 가슴 뜨거운 청년 모험가 최지훈 올림.

진심을 다한 강연

'진심을 다한 강연' 영상 보기

2017년 3월 17일은 내가 처음으로 강연을 한 날이다. 이 강연을 위해 대본을 썼다가 지우길 수십 번 반복했다.

강연을 하는 사람이라면 말을 유창하게 해야 한다는 무언의 압박감이 있었나 보다. 사실 강연하기 전에 피드백을 해주신 청춘 도다리 대표님께서 리허설도 봐주셨는데 내가 준비한 어록들은 물론 좋은 내용이지만 내 이야기가 아니기 때문에 빼는 게 좋겠다고 하셨다. 그리고 내가 겪은 경험에 충실하면 진심이 나올 거라고 하셨다.

평소에 어른들의 조언을 잘 듣는 나는 말씀해주신 대로 그 내용들을 뺐지만 사실 일부는 남겨놓았다. 정말 멋진 말이어서 꼭 무대에서 말하고 싶었기 때문이다.

하지만 실제로 무대에 섰을 때 멋져 보이려고 준비한 어록들은 결국 하나도 말할 수 없었다. 사실 일부가 아니라 많이 남겨놓았는데 정말 단 하나도 입 밖으로 나오지 않았다! 내가 직접 부딪혀 얻은 경험이 아닌 타인의 경험을 가지고 왔기 때문이다. 결국 그 어록들은 내가 단순히 외운 것에 불과했다. 이미 내 마음속에 없었던 것이다. 그래서 강연을 시작함과 동시에 긴장해가며 외운 어록들은 모두 연기처럼 날아가버렸다. 그래도 당황하지 않을 수 있었던 것은 강연에 오신 분들이 내가 실수하거나 말을 더듬어도 웃으면서 응원해주실 분들임을 알고 있었기 때문이다.

그때부터는 전부 내려놓고 내 모습을 있는 그대로 보여주었다. 그러자 평소에 내가 생각하고 있던 가치관들이 입에서 줄줄 나오기 시작했다. 내가 촬영한 사진과 영상을 보며 느낀 감정을 있는 그대로 풀어놓았다. 특히 250킬로미터 고비사막 마라톤에 참가해 마지막 5킬로미터를 남기고 쓰러졌던 이야기를 할 때는 나도 모르게 울컥했는데, 많은 분들이 나에게 공감하며 눈물을 글썽이고 계셨다.

내 착각일지도 모르지만 강연 시작부터 끝날 때까지 단 한 분도 고개를 숙이지 않았던 것 같다. 다들 초롱초롱한 눈빛으로 나를 뚫어져라 보고 계셨다. 굉장한 몰입도를 느낄 수 있었다.

강연을 마무리하고 앞에 계신 모든 분들이 기립 박수를 쳐주실 때의 그 가슴 떨림은 아직도 생생하다.

강연을 준비하면서 가장 중요하다고 생각한 것은 사람과의 소통이었다. 말만 멋지게 하거나 내가 대단하다고 어깨에 힘을 주면 사람들도 다 안다. 그리고 이렇게 말한다.

"그래, 너 잘났다."

"결국 자기 자랑이네."

나 또한 강연을 하면서 내 어필을 크게 하고 싶었고 그래야 내가 성공할 것이라고 생각했다. 어느새 강연을 하려는 본질적인 이유를 잊고 있었던 것이다. 많은 사람들에게 내 경험을 이야기해 영감을 주고 싶을 뿐이었는데 어느 순간 나를 드러내는 데만 집중해 내 이름을 내세우는 강연을 하려고 했다. 만약 그랬다면 많은 사람들이 내 이야기에 공감하지 못했을 것이다. 그것은 소통이 아닌 일방적인 혼잣말이기 때문이다.

청중들이 듣고 싶은 이야기, 위로가 되는 말에 집중한 것이 많은 분들에게 공감을 얻을 수 있었던 이유 같다. 덕분에 그 후로 더욱 명확한 동기부여가 생겨 내가 도전해야 하는 이유를 더 또렷하게 말할 수 있었다.

강연을 들은 분들은 진정성 있는 모습이 보기 좋았다며 네 꿈을 응원한다는 말을 많이 해주셨다. 그때 알았다. 내가 진심을 다하면 목소리에 감정이 실리고 듣는 사람들도 내 감정을 느끼고 공감해주는구나. 결국 강연이란 일방적으로 내 말만 하는 것이 아니라 서로가 공감할 때 비로소 시너지 효과가 나타나는 것이었다.

예전에 나는 매스컴에 나오는 대단한 사람이나 CEO들만 강연을 해야 한다고 생각했다. 그래야만 사람들에게 희망을 줄 수 있다고 믿었다.

그러나 그것은 크나큰 착각이었다. 핵심은 무대에 서는 사람과 청중이 함께 소통하는 무대, 지극히 일상적인 이야기라도 공감할 수 있는 스토리, 간절한 진심이 담긴 이야기다. 그리고 사람들과 공감할 수 있는 이야기, 타인을 배려해서 하는 위로의 말, 진심을 담은 말 한마디가 사람의 마음을 움직일 수 있음을 알았다.

하늘이 나에게 알려준 메시지

2019년 2월 16일, 나는 하늘에서 떨어졌다.

사람들이 나에게 가장 많이 묻는 질문 중 하나는 어떻게 이렇게 다양한 도전을 할 수 있었냐는 것이다.

TV에 나오는 유명한 사람들을 보면 기업 후원도 잘 받고 금전적으로도 여유가 있는데 나는 단순 무식하게 10년간 그냥 막노동하며 돈을 벌고 돈을 모으면 꿈에 도전하며 20대를 보냈다. 식당 설거지, 환풍기 수리, 고기잡이 배, 농장, 건설현장, 병원 수술대 피를 닦고 오피스 화장실 변기통을 닦는 등 15가지 넘는 일들을 했지만 대부분 사람들은 나의 이런 사실을 전혀 모른다. 그저 내가 늘 웃고 다니고 에너지 넘치는 모습을 보이니 인상 좋고 선한 청년으로만 보지 나의 보이지 않은 이면에 얼마나 많은 눈물을 흘리고 노력했는지 잘 모른다.

오히려 많은 분들이 저 청년은 그냥 잘 살아서 저렇게 하고 싶은 것을 다한다고 말하기도 하고 그냥 하고 싶은 거 다 하면서 미래에 대한 생각도 없고 아무 대책 없이 사는 나쁜 뜻으로의 '욜로YOLO족' 청년이라고 하는 사람도 많았다.

사실 나도 평범하고 안정적으로 살고 싶다. 내가 가는 길이 남들이 가지 않은 길이다보니 나조차도 불안하다. 그러니 다른 사람에게는 내 미래가 더욱 불안하게 보일 수밖에 없음을 나도 인정한다. 하지만 나는 내가 단순히 하고 싶은 것을 하는 청년이 아닌 나만의 뜨거운 사명을 가지고 불확실성에 도전하는 청년이라고 말하고 싶다.

그래서 앞에서도 말했듯이 나는 대한민국 도전의 아이콘이기도 하지만 대한민국 20대를 대표하는 실패의 아이콘에 더 가깝다. 그동안 셀 수 없이 넘어지고, 다치고, 미칠 듯이 힘들어서 눈물 흘리는 순간을 계속 넘어왔다. 넘어졌다 일어난 적은 셀 수도 없다. 이번 고비만 지나면 앞으로는 좋은 일만 생길 것 같지만 또 다른 고비들이 더 크게 찾아온다.

19년도에 한국에 오기 전까지 나는 프로젝트를 여러 번 실패하고 교통사고를 당하며 1년을 보냈고 한순간의 탐욕으로 1억 4,000만 원이 넘는 전 재산을 잃고 또 1년을 보냈다. 이런 우여곡절을 겪은 후 무일품으로 한국에 들어와 운 좋게도 많은 사람들의 사랑과 도움, 특히 청춘 도다리 윤효식 대표님의 사랑으로 청춘들을 위한 동기부여 강연을 시작했다. 많은 이들이 나의 진심을 알아주었는지 큰 반응과 함께 강연 요청이 쇄도했다.

10년 만에 드디어 나만의 꽃봉오리가 피려나 싶었는데, 2개월도 채 되지 않아 하늘에서 떨어지고 말았다.

에베레스트산에 올라 패러글라이더를 타고 내려오는 도전을 계획한 나는 여느 때와 똑같이 패러글라이딩 장비를 메고 산 정상으로 향했다. 들뜬 마음으로 오전에 산 정상에 도착했지만 앞이 보이지 않을 정도로 안개가 덮여있었다. 결국 한 시간 정도 기다리다가 다른 산으로 이동했고, 늦은 오후가 돼서야 비행할 수 있었다.

오전에 비행을 못해서 그런지 기다림은 내 마음을 더욱 간절하게 만들었고 마침내 비행을 했을 때는 말로 표현 못할 기쁨에 소리를 질렀다.

두 번 비행을 하고 해가 질 무렵, 나는 비행을 그만하고 내려가야만 했다. 하지만 한 번 더 비행하자는 말에 신나서 다시 올라갔다. 어릴 적부터 배우는 것에 미친 열정을 가지고 있었으니 아마 차를 타지 말고 걸어서 가라 했어도 올라갔을 것이다.

그렇게 산 정상에 올라 내 얼굴에 스치는 자연의 바람을 느끼며 나는 다시 하늘을 날았다.

영화를 보면 보통 큰일이 나기 전에 느낌이 싸하다. 혹은 복선을 깔아 앞으로 무언가 문제가 생길 것임을 암시해준다. 하지만 나는 오직 비행에만 집중을 해서인지 싸한 느낌이나 복선을 전혀 느끼지 못했다. 이것이 내 마지막 비행이 될 줄은 꿈에도 몰랐다.

나는 또 한 번 기쁨의 비명을 지르며 착륙장 상공을 돌기 시작했다. 학교장님께서는 20년 넘게 200명이 넘는 교육생을 가르쳤지만 내가 역대급으로 패러글라이더를 제일 잘 타고 감각이 있다고 말씀해주셨다. 그래서일까, 비행 중에 해서는 안 될 생각을 하고 말았다.

"난 재능이 있어! 해볼 만한데 조금 더 과감하게 해볼까?"

이 생각이 나를 저승길로 데려갔다. 이 생각을 하는 그 순간이 복선이었음을 병원 침대에 누워서야 깨달았다.

내가 가장 두려워하는 것은 외적으로는 물에 대한 트라우마, 고소공포증, 대인기피증이고 내적으로는 교만이다. 예전부터 교만을 경계하지 못한 탓에 정말 수도 없이 고생했다. 1억 원이 넘는 전 재산을 날리기도 하고 남들은 한 번도 경험하기 힘들다는 생사의 갈림길에 여러 번 놓인 적도 있었다. 그래서 교만을 내 인생의 가장 큰 적으로 생각하고 있었다. 하지만 계속 '그러지 말아야지' 다짐해도 사람의 본성인지 내 본성인지 조금만 일이 잘 풀리면 내 가슴 한 구석에서 자만심이 슬슬 올라오곤 했다.

이번에도 나는 마음속 교만을 제대로 잡지 못했다. 내 비행실력은 동네 뒷산 수준인데 마음은 히말라야를 바라보고 있었으니……. 마치 고수가 된 것처럼 하늘을 난 나는 죽음의 고비에 들어서고 말았다.

이제 좀 되네, 해볼 만하네, 내가 잘하네 하는 순간 시멘트로 다져진 둑에 처박힌 것이다.

바람을 잘못 맞아 대각선으로 빠르게 떨어지는 순간, 200퍼센트 확실하게 든 무서운 생각은 그동안 수없이 다치고 많은 고비를 넘겼지만 이번에는 진짜 끝이라는 것이었다. 그 어느 때보다 인생의 파노라마가 짙게 내 머릿속을 스쳤다. 나는 전신마비라도 괜찮으니 제발 숨만 붙어있게 해달라고, 아니 전신마비에 눈이 보이지 않고 귀가 들리지 않아도 되니 제발 살아서 가족의 품에 돌아가게 해달라고 기도했다. 눈이라도 깜박거려서 사랑하는 부모님 그리고 동생에게 사랑한다고 말하고 싶었다.

시멘트 뚝방에 부딪히기 0.0001초 전, 그 찰나의 순간에 속으로 살려달라고 수백 번 울부짖었다. 그때 마침 장교로 군 복무를 하던 시절에 유격 교관 자격증을 따면서 배운 스킬이 생각나 두 허벅다리를 올려 발바닥으로 뚝방을 부술 기세로 거세게 부딪혔다.

나는 뚝방 아래 오폐수가 흐르는 곳에 쓰러졌다. 정신을 차려보니 발바닥부터 허벅지까지 뼈가 다 박살난 듯한 통증이 느껴졌다. 너무 아파서 숨을 쉴 수가 없었다. '이렇게 하반신 마비가 되는구나' 하는 생각이 들었다. 눈을 떠보니 하필 내 얼굴 바로 앞에 썩은 새끼 고라니 시체가 있었고 그 위에 날파리 수백 마리가 뒤엉켜있었다. 날파리들이 내 얼굴에 끊임없이 엉켜 붙었다. 하지만 그게 대수랴. 너무 아파서 목소리조차 나오지 않았다. 하지만 숨도 못 쉬는 그 상태에서도 하반신 마비가 된다 해도 이렇게 살아있어서 다행이라고, 살아있음에 눈물을 흘렸다.

둑에 내 몸이 부딪히는 소리가 얼마나 컸는지 근처 가게 주인 아주머니가 교통사고가 난 줄 알고 급히 나올 정도였다. 그 아주머니가 주변에서 패러글라이딩을 하고 있던 이들을 불러주었다. 나와 함께하던 동료들이 급하게 뛰어와 나를 업고 인근 병원으로 바로 데려갔다.

훗날 동료들이 말하기를 사고 당시에 상체를 부딪쳤으면 즉사, 하체 쪽을 부딪쳤다면 하반신 마비로 불구가 됐을 것이라고 했다.

병원으로 실려가 엑스레이를 찍었다. 그런데 결과를 본 의사 선생님께서 현역 운동선수냐고 물어보셨다. 왜 그러냐고 물어보니 그렇게 충격이 강했는데 이 정도로 끝난 것이 정말 기적이라고 하셨다. 이

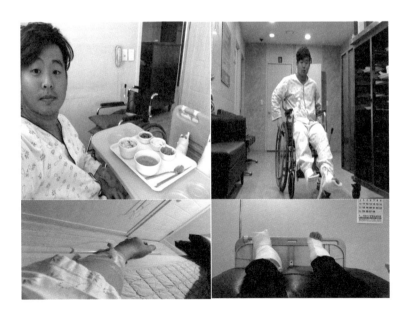

런 경우 보통은 살아남기 힘들뿐더러 최소 하반신 마비란다. 패러글라이딩 강사들의 말과 일치했다.

그러나 의사 선생님의 마지막 말씀이 내 머리를 울렸다. 이전에도 사실 걷기 불편했을 텐데 운동을 꾸준히 해서 불편함을 못 느낀 것 같다며 왼쪽 발목에 뼛조각이 심하게 박혀 있고 양발 뒤꿈치에 금이 심하게 가 앞으로 뛰기는 힘들 것 같다고 하셨다.

나는 자칭 모험가로서 주로 몸으로 하는 도전을 하는 사람인데……. 앞으로 뛸 수 없다는 말은 나에게 사형선고나 마찬가지였다.

병원에서 기억에 남은 일은 입원 초기에 대소변을 간호사가 받아 준 것이었다. 독립심 강하고 타인에게 도움 받기를 싫어하는 나는 이것이 정말 미치도록 부끄러웠다. 매일 자기 전마다 내일은 스스로 대소변을 볼 수 있기를 간절히 바랐다.

참 아이러니하다. 히말라야를 생각하다 하루아침에 대소변 스스로 보기가 무엇보다도 간절한 도전이 된 것이다.

생전 처음 3개월간 아무것도 하지 않은 채 침대에만 누워 천장을 바라보며 지냈다. 그러나 문득 '내가 하늘을 날다 떨어진 것이 어쩌면 하늘의 뜻이 아닐까' 하는 생각이 들었다.

"지훈아, 도전은 그런 게 아니야. 그저 남들에게 인정받으려고 보여주기 위해 하는 것 말고 매일매일 항상 의미 있게 사는 것이 진정한 도전이야!"

마치 10년간 도전만을 향해 정신없이 달려온 나에게 하늘이 전하는 메시지 같았다.

이전에는 오로지 나만의 즐거움, 나만의 꿈을 위한 도전을 했다면 이제는 타인의 꿈을 이뤄주는 도전을 하고 싶다는 생각이 들었다. 지금까지 나는 내가 모두에게 똑같이 주어지는 24시간을 누구보다도 의미 있게 사용하고 있다고 생각했다. 하지만 어릴 때 이후로 아버지와 목욕탕 한 번 간적 없고 어머니와 함께 손잡고 시장에 장 보러 간 기억도 없다. 그래서 이제는 아버지와 단 둘이 부자여행도 가고, 어머니와 요리도 함께하는 등 정말 의미 있는 시간을 보내려고 한다. 무언가 대단하고 거창한 것이 아닌, 사랑하는 사람들과 소소하지만 의미 있는 시간을 보내는 일이 진정 '위대한 도전'이 아닐까.

평범한 일상 속에서
위대한 도전을 하고 있는 당신에게

'도전'이란 무엇일까?

누군가에게 대단하다, 멋지다고 인정받는 것이 과연 도전의 전부일까?

우리 사회는 무의식적으로 청춘들에게 타인에게 인정받으라고 강요하고 있다. sns만 봐도 20대에 성공하는 방법, 누군가에게 호감을 얻는 방법, 단기간에 무언가를 빨리 성취하는 방법, 쉽게 돈 버는 방법 등 타인에게 인정받는 법을 이야기하는 자극적인 콘텐츠가 난무한다. 그러나 정작 타인에게 베풀고 정성을 다하는 방법을 알려주는 사람은 없다.

또 예전에는 TV에 나오는 사람들만 멋져 보였지만 이제는 sns도

한몫한다. sns를 보면 누구나 대단한 이야기를 하고, 좋은 곳에 놀러 가고, 보기 좋은 화려한 음식을 먹고 이를 사진으로 찍어 올린다. 다들 성공한 삶, 멋진 삶을 사는 것 같다. 나만 빼고 말이다.

나도 이런 사회에서 도태되지 않으려고 있는 돈 없는 돈 다 긁어모아 여행을 가고, 비싼 음식을 시켜 사진 찍고, 힘들게 몇 개월 동안 번 돈을 며칠 안에 다 소비한 후 다시 또 힘겹게 일을 시작한 적이 있다. 타인에게 인정받고자 하는 마음은 나에게 내가 성공하려면 대단한 무언가가 되어야 하고 또 그 정도는 해야 한다는 의무감을 가지게 만들었다. 그래서 그때는 평범하게 살면 성공하지 못한 삶, 열정적이지 못한 삶이라고 생각했다.

그렇게 나는 두려움을 넘어 낯선 세계에 끊임없이 나를 던졌다. 아니, 발버둥쳤다. 타인에게 잘 보이려 하는 사회에서, 잘해야만 하는 사회에서. 그러면서 온갖 궂은일과 수많은 도전, 실패를 겪었다. 그리고 10년이 지난 지금, 나 자신에게 가장 근본적인 질문을 해본다.

"나는 무엇을 위해 도전하는가?"

지금까지 나는 타인에게 인정 받을만한 무언가를 해내면 나만의 보물을 발견할 줄 알았다. 그러나 욕심은 아무리 채워도 끝이 없었고 그 과정에서 밑바닥을 찍고 또 찍으며 내가 꽉 움켜쥐고 있던 보물지도를 떨어트리고 말았다. 놀랍게도 그 순간, 내가 찾던 보물을 발견할 수 있었다.

외부에서 수많은 도전을 하며 그토록 열심히 찾아다니던 보물은 사실 10년 전에 도전을 시작하기 전부터 이미 내 가슴속에 있었다. 나는 치열하게 방황하며 고민한 질문의 답을 이미 알고 있었던 것이다. 드디어 도전의 종착역에 도착했다.

보물 상자를 열어보니 그 속에는 '평범함'이 들어있었다. 늘 '비범함'을 추구하던 나는 이제야 깨달았다. 어떤 삶을 살든, 무슨 일을 하든 우리 모두는 소중한 존재임을. 아침에 일어나 이불 정리하기, 직원들에게 활짝 웃으며 인사하기, 사랑하는 지인에게 그냥 안부 차 연락하기 등 평범하지만 의미 있는 작은 행동들이 위대한 도전을 만들고 우리의 보물을 찾게 해준다.

도전? 별것 없다. 평범한 일상 속에서 아주 작더라도 꿈과 열정을 가지고 행동하는 소소한 일들이 곧 위대한 도전이며 사랑하는 사람들을 위해 하루하루 열심히 살아가는 대한민국 아버지, 어머니 그리고 꿈 많은 우리 청춘 모두가 삶에 도전하는 위대한 도전가다.

도전하기 싫은 사람은 하지 않아도 된다. 도전하지 않아도 우리는 충분히 아름답고 가치 있는 삶을 살고 있다. 그러나 도전을 통해 내 삶이 180도 변했듯 살면서 한 번쯤은 자기 스스로에게 도전의 기회를 주었으면 좋겠다. 내가 보장한다. 일단 한 번 해보면 지금까지 보지 못한 새로운 세상이 열릴 것이다. 그리고 더 나아가 우리 모두가 삶에 지친 사람들을 위해 그들의 말에 귀 기울여 공감하고, 아픔을 나누고,

지친 마음을 어루만져 줄 수 있는 삶의 도전자가 되기를 바라본다.

글을 쓰고 있는 이 시간에도 나는 '도전의 종착역'을 떠나 새로운 종착역으로 향할 준비를 하고 있다. 나의 위대한 도전은 결코 멈추지 않을 것이다. 물론 앞이 보이지 않는 길이 두렵지만 또 어떤 보물이 나를 기다리고 있을지 무척 가슴이 뛴다.

끝으로 삶의 변화가 누구보다도 간절한 청춘들에게 외치고 싶다. 더 이상 타인의 말에 망설이지 말고,

그냥 해!